校企“双元”产教融合电子商务系列教材

直播营销与推广

邱　枫　主编

郑民源　丁文毅　副主编

電子工業出版社
Publishing House of Electronics Industry
北京 · BEIJING

内 容 简 介

无论是企业、商家还是创业者，都可以利用全新的直播营销渠道来获得流量、人气，推广商品并获得利润。本书涵盖直播营销的优势和常见形式、直播平台类型、直播营销方案筹备、人员配置、直播话术、讲解要点与方法、直播间视觉效果设计、直播商品的选择与管理、氛围提升与数据分析，多角度展示营销和推广专业人员应掌握的各种技能，并以淘宝和抖音为例演示直播的实际操作过程。

本书适合高等学校中市场营销学、传播学、电子商务等专业的学生作为教材，也适合直播行业的从业人员、想学习直播营销的商家及对直播感兴趣的读者学习。

图书在版编目（CIP）数据

直播营销与推广 / 邱枫主编. —北京：电子工业出版社，2022.9
ISBN 978-7-121-44173-8

Ⅰ. ①直… Ⅱ. ①邱… Ⅲ. ①网络营销－高等学校－教材 Ⅳ. ①F713.365.2

中国版本图书馆 CIP 数据核字（2022）第 153233 号

责任编辑：卢小雷　　文字编辑：曹　旭
印　　刷：河北鑫兆源印刷有限公司
装　　订：河北鑫兆源印刷有限公司
出版发行：电子工业出版社
　　　　　北京市海淀区万寿路 173 信箱　邮编：100036
开　　本：787×1 092　1/16　印张：13　字数：333 千字
版　　次：2022 年 9 月第 1 版
印　　次：2022 年 9 月第 1 次印刷
定　　价：49.80 元

凡所购买电子工业出版社图书有缺损问题，请向购买书店调换。若书店售缺，请与本社发行部联系，联系及邮购电话：（010）88254888，88258888。

质量投诉请发邮件至 zlts@phei.com.cn，盗版侵权举报请发邮件至 dbqq@phei.com.cn。

本书咨询联系方式：（010）88254199，sjb@phei.com.cn。

前言 PREFACE

在互联网盛行的时代背景下，网络直播作为一种全新的娱乐社交平台席卷整个网络世界。从“一直播”到电商巨头淘宝直播，从主打游戏解说的斗鱼直播到泛生活类的抖音直播、快手直播等，各路网络平台竞相开展直播互动活动。通过梳理网络直播发展历程，可以看出网络直播具有“现场感”“第一时间性”“直观性”三大特点，非常适用于商业性的营销和输出。基于“粉丝经济”的存在，商家被直播平台庞大的粉丝群体所吸引，通过与传统营销方式对比，直播营销具有反馈快、互动强、持续时间长、传播范围广的优势，因此，直播营销作为一种新兴的直播方式能够带给用户较为真实的消费体验。

随着互联网行业的不断进步，直播营销逐渐成为主流营销方式。网络直播平台以其低门槛的优势使得人人都可以直播，商家可以利用直播平台进行商品宣传，企业可以通过直播平台展示现场活动，平民可以通过网络直播成为网红。随着网络直播的快速普及，更多微商、医疗、旅游等行业进入直播领域，网络直播将会迎来更为广阔的发展空间。无论是开设新媒体传播课程，还是面向普通社会人群的技能培训，都需要一本理论和实践相结合、包含直播营销与推广的实用教材。

本书基于直播营销与推广中可能涉及的环节及流程编写而成，其优势与特色在于：以实操性的直播流程为时间轴，并结合具体步骤中的专业技能与理论知识，展开全书内容的讲解，包含了直播营销所需要的前瞻性的知识与技能。

全书共包含十个项目，前两个项目主要讲解直播营销的基础知识和直播营销的筹备，从项目三开始，重点放在具体的直播操作方法上，包括直播现场活动脚本的设计、直播团队人员的配置和主播直播基本能力等，项目四、项目五重点介绍直播内容的设计与制作，包括直播营销话术的要点与方法及直播间的视觉效果设计等进阶内容，项目六、项目七的重点在于直播商品的选择和直播间氛围的提升，项目八讲述了直播数据的分析，最后，项目九和项目十对应分析了主流的两个直播平台的运营方式。本书系统地纳入了直播营销与推广所需的各方面知识和技能。

本书编写成员既有来自新媒体传播、数字媒体设计、媒体营销等多个专业的一线高校教师，又有直播营销与推广的一线大咖。编写过程中得到了诸多行业导师提供的意见和建议，在此，向各位提出宝贵意见的行业代表表示感谢！

直播营销与推广是一个发展非常迅速的行业，本书中所涉及的某些知识点可能会和现实有些出入，同时由于编写时间和编者水平有限，书中难免存在遗漏和不妥之处，敬请广大读者批评指正。我们也会根据市场变化及时更新完善本教材。

编　者

目 录 CONTENTS

项目一 直播营销的基础知识

随着互联网红利的逐渐消失，基于直播的内容营销迅猛发展。直播已经成为企业和品牌所有者开展营销活动的重要方式。各平台继续投资直播活动，用户通过直播逐渐形成新的购物习惯，直播营销产业链正在逐步形成。通过结合 5G 技术，直播广播营销将在未来呈现爆炸性增长，引领内容营销的新趋势。

本项目介绍直播营销的基础知识，通过列举多种类的直播平台来让读者对直播营销有更深的认知。

任务一 直播营销认知

任务描述

在当今的互联网时代，当信息广泛传播时，静态图形内容越来越难以引起用户的注意，于是就有了将信息以视频形式传达给用户的直播营销。其表达形式不仅是三维的，而且是实时交互的。直播营销之所以很受欢迎，是因为它们很容易引起用户的注意。随着现场直播行业的活跃发展，公司和品牌方也通过现场直播进行营销活动，以便开发销售渠道和扩大销售。

学习目标

（1）了解直播营销成为必然趋势的原因；
（2）熟悉直播营销的优势；
（3）掌握直播营销的常见形式。

任务分配

本任务为分组任务：每组若干组员，在组长带领下，选定一个营销主题，根据不同的直播营销内容来进行任务分工（见表 1-1），共同完成对直播营销课程的学习。

表 1-1　直播营销任务分配表

班级		组号		组名	
角色	姓名	学号	任务分工		
组长					
组员					

任务准备

引导问题 1： 直播营销的优势有哪些？
引导问题 2： 直播营销有哪些常见形式？
引导问题 3： 直播营销和传统营销的区别与联系有哪些？

任务实施

一、直播和直播营销

直播在传统意义上是一种广播方法，可以合并成广播节目和电视节目，如体育直播、文化活动直播和新闻广播等。随着互联网技术的发展，特别是移动互联网速度的提升和智能手机的普及，基于互联网的直播形式已经出现。

用户将直播平台用作记录事件发生和进展的载体，并且将其同步显示在网络上，允许其他用户在相应的直播平台上观看和互动。人们现在所说的直播几乎都是网络上的直播，本书中介绍的直播也是基于网络平台的直播。

直播营销也可看作一种营销手段，是跟随现场事件的发生和发展同时进行制作和播出的营销方式。直播营销以直播平台为载体，来达到企业品牌提升或商品销量增长的目的。直播营销也是营销形式上的创新，能够体现出互联网视频特色。“品牌+直播+明星”“品牌+直播+发布”“品牌+平台+直播”“品牌+直播+活动”等新的营销方式可以吸引企业和商家；用户年轻化、平台新鲜、互动性高、直播营销现场氛围活跃等特点，都能让商家和用户更快、更好地达成交易。

直播营销基于互联网技术，具有强大的实时性、交互性和可靠性。直播时，直播营销活动的组织者还可以为用户提供更优的商品选择服务，给用户更直接的使用体验，最大限度地提高直播的价值，这使直播营销的影响力越来越大。直播营销可以打破传统线下活动策划中时间和空间的限制，未来的市场前景广阔，互联网将持续引领各类策划活动全面走向直播营销时代。

二、直播营销的优势

直播为企业带来了新的营销机会，营销活动以直播平台为载体，提升了品牌的影响力，提高了商品的销量等。直播营销作为一种新兴的网络营销手段，具有以下 3 个优势。

1. 直播互动性

在传统的营销方法中，企业通常会发布营销信息，用户会被动地接收这些信息。在此过程中，企业无法立即了解用户对营销信息的接收情况，并且用户对营销信息的态度也无法很好地被反馈。

直播是高度互动的，在直播过程中允许企业向用户展示营销信息，而用户也可以与企业进行对话和交互，并参与到直播活动中。这不仅增强了用户的参与度，还有助于调动直播间的气氛。尤其是对于特定主题，直播可以在意向用户、观众和企业之间产生强大的交互作用，从而真正实现企业与用户之间和用户与用户之间的详细交互，可以最大限度地提高营销效率。

2. 直播场景真实性

在营销活动中，高质量的商品是公司赢得用户信任的基础。对于传统的营销方法，无论是图形广告还是视频广告，虽然它们是制作精良且非常有吸引力的方式，但是一些用户质疑其信誉，因为这些都是预制的成品，在制作过程中，可能进行了许多人工编辑和美化。此外，企业可以通过直播来展示商品的生产环境和生产过程，让用户了解商品的实际生产过程，以获得用户的信任。直播营销允许用户直观地了解使用商品的效果，这样可以激发用户的购买意愿。

3. 直观的营销效果

消费者线下购买商品时，更容易受到外部环境的影响。在现场直播活动中，组织者的现场展览、商品介绍及现场直播室的气氛（许多人争相购买商品），将会直接影响其他用户，这也是其他用户订购商品的催化剂。在直播中，直播管理团队可以查看直播室的实时数据，掌握直播室中商品的销售状况，及时掌握直播活动的营销效果。

三、直播营销的常见形式

直播营销具有场景真实的特征，为了吸引观看直播的用户，直播团队需要根据实际情况选择更有趣的直播营销形式。直播营销的常见形式有以下几种。

1. 商品分享式直播

商品分享式直播就是主播与用户分享商品，并且向直播间的用户推荐商品的一种销售形式。通过用户在直播间的留言评论，主播知道用户需要什么商品，并按照用户需求来推荐商品，向用户讲解商品的特性和用户想了解的重点信息，如图 1-1、图 1-2 所示。

图 1-1 中，主播在针对某款运动品牌鞋类进行商品分享式直播，根据用户留言和评论进行某款鞋的讲解，可以充分展示实物并主动讲解具体细节。图 1-2 中，主播在针对某款休闲鞋进行商品分享式直播，向直播间用户推荐此款白色鞋并讲解具体细节。

2. 产地直销式直播

产地直销式直播是指主播在商品的原产地或商品的生产车间进行直播营销，这样可以向用户直接展示实际的生产环境和生产过程并吸引用户进行购买，如图 1-3 所示。

图 1-1　商品分享式直播一

图 1-2　商品分享式直播二

图 1-3　产地直销式直播

图 1-3 中，主播所讲解的商品是某种水果，直播间背景是水果的采摘地或生产车间，通过直接展现水果的新鲜度与品质，来达到吸引用户购买的目的。

3. 体验式直播

体验式直播是指在现场对直播的商品进行处理、制作和加工，这个过程可以显示加工后商品的实际状态。食品、小型家用电器、电子商品（如计算机、平板电脑、移动电话和数字音频播放器）等都可以采用这种直播营销的形式。

对于某些可加工的食品，主播可以在直播中加入烹饪食物的过程并试吃，如图 1-4、图 1-5 所示。这样既可以向用户展示食物加工方法，增强用户对食物的信任，又可以增加直播的内容，提高直播的吸引力。在食品促销的直播中，现场品尝食品这种形式对用户更具吸引力，但也会存在一定的局限性。直播通常会持续很长时间，这对于需要从头到尾进餐的主播来说，是一个很大的挑战。

图 1-4　体验式直播一

图 1-5　体验式直播二

4. 砍价式直播

砍价式直播意味着在直播中，主播为用户分析商品的优缺点，并告知用户商品的大致价格，在用户提出购买意向后，主播与商家协商，以便用户获得更优惠的价格，经过价格谈判，让用户和商家在价格达成一致后完成交易。

5. 秒杀式直播

秒杀式直播是一种直播方法，通过这种方式，主播与企业进行合作，在有限的时间和数量内向用户推荐商品，并吸引用户购买。秒杀式直播的现场气氛紧张刺激，商品优惠程度高或商品具有稀缺性，可以让用户积极参与其中。

6. 教学培训式直播

教学培训式直播是指主播在直播现场进行指导和培训，同时分享一些宝贵的知识和技能，其中包括提高口语能力、化妆技能、制作甜点的技能、运动健身技能等。主播在分享知识和技能的过程中会推广一些商品，如图 1-6、图 1-7 所示。这不仅可以让用户通过观看直播节目来学习特定的知识和技能，还可以使用户感受到主播的专业性，同时更加信任主播推荐的商品。

图 1-6　教学培训式直播一

图 1-7　教学培训式直播二

图 1-6、图 1-7 中，在进行教学培训式直播，主播分享了一些运动健身的知识和技能，在分享的过程中也在进行某些运动商品的推荐。

7．开箱测评式直播

开箱测评式直播是指主播边拆箱边介绍箱子里面的商品。在这类直播中，主播需要在开箱后真实、客观地描述商品的特点和使用体验，让用户可以更加全面地了解商品，从而达到推广商品的目的。图 1-8 所示为某主播发布的关于一款手机的开箱测评式直播视频。

8．海淘现场式直播

海淘现场式直播是指主播在海外购物商场或免税店的直播，如图 1-9、图 1-10 所示，用户可以观看直播并清晰地了解商品，通过海外购物商场的直播，用户就像身处外国购物中心购物一样，商品的价格也一目了然，可以提高用户对商品的信任度。

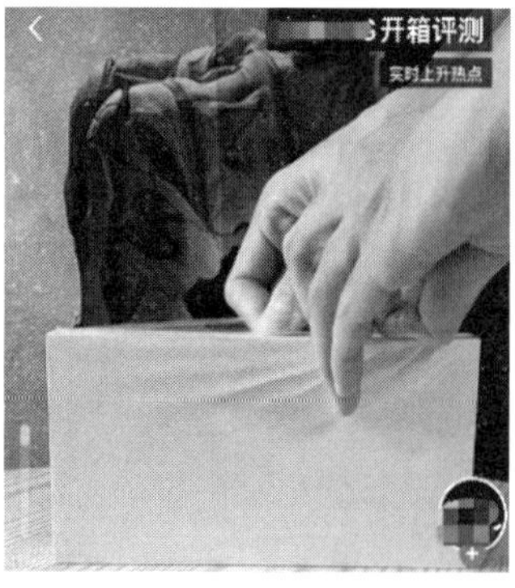

图 1-8　开箱评测式直播

图 1-9　海淘现场式直播一

图 1-10　海淘现场式直播二

四、直播营销和传统营销

直播营销省掉了传统营销活动中营销信息的投放和转换之类的中间环节，这是对传统营销模式的改变。它还使企业与主播、用户之间的关系更加紧密。企业使用直播宣传商品，用户通过直播购买高质量、低成本的商品，主播通过直播实现商业化变现过程。传统营销和直播营销的对比见表 1-2。

表 1-2 传统营销和直播营销的对比

对比项目	传统营销	直播营销
商品与用户的关系	人找货	货找人
消费路径	用户—商品	用户—主播—商品
用户消费方式	以用户主动搜索商品为主	以主播向用户推荐商品为主
用户消费需求	以刚性需求为主	用户可能对商品存在刚性需求，但在用户对商品不存在刚性需求的情况下，通过主播、商品、消费场景打造内容营销，也能够激发用户潜在的消费需求
用户消费心理	对商品有刚性需求，消费是为了满足物质需求	有些用户对商品存在需求，购买它是为了满足物质需求；有些用户对某些商品并不存在需求却仍然购买，是为了满足自己的好奇心
影响用户做出消费决策的因素	商品的价格、质量、品牌等	商品的价格、质量、品牌；主播营销话术的刺激
消费体验反馈	客服连接，缺少情感联系	主播连接，主播可以与用户进行互动，建立情感联系
商品呈现形式	依靠图片、文字、短视频等展示商品，但图片、文字和短视频往往是经过后期处理的，其中的商品展示与实物可能存在一定的差距	通过实时视频全方位地展示商品，让用户直观地了解商品的外观；通过主播的讲解，让用户详细地了解商品的性能
社交属性	社交属性弱，商家主要通过商品详情页向用户展示商品信息，用户被动地接收这些信息。此外，用户通常只能通过商品评论或客服两个渠道了解商品信息，交流形式比较单一，信息反馈也不够及时	社交属性强，主播和用户可以进行双向互动，主播向用户全方位地讲解商品，用户也可以实时向主播提出问题，主播当场为其解答；用户与用户之间也可以进行在线交流，信息反馈及时
用户购物体验感	用户根据自己的主观判断自主选择商品	用户可以通过评论区留言、参与直播间抢红包等方式参与到直播中，在购物过程中获得更多的参与感和互动感

与线下购物场景和传统电商平台中的购物场景相比，直播营销的购物场景具有以下优势。

优势一：体验感好。在直播间中，主播介绍商品的详细信息并现场展示商品，以便用户更直观地了解商品。此外，用户可以根据自己的需求交换信息并与主播进行交流互动，从而有针对性地了解商品信息。

优势二：节省用户出行费用。用户可以随时随地收看直播节目，足不出户就可以购买自己喜欢的商品，从而节省了购物的出行费用。通过观看直播来购买商品，不仅可以享受购物的乐趣，还可以获得观看直播的娱乐享受。

优势三：价格优势。在许多直播间中，商品销售使用的是用户和制造商直接联系的模式。这会减少货物的流通环节，省去可能产生的溢价，使商品更具价格优势。

任务评价

1. 学生自评（见表 1-3）

表 1-3　直播营销学生自评表

班级		学号		姓名	
角色	○ 组长　　○ 组员		完成时间		
任务		完成情况记录			
直播营销的优势					
直播营销的常见形式					
直播营销和传统营销					
完成任务后的收获					

2. 学生互评（见表 1-4）

表 1-4　直播营销学生互评表

班级		被评人学号		被评人姓名	
评价者角色		评价者学号		评价者姓名	
任务		完成情况记录			
直播营销的优势					
直播营销的常见形式					
直播营销和传统营销					
完成任务后的收获					

3. 教师评价（见表 1-5）

表 1-5　直播营销教师评价表

班级		被评人学号		被评人姓名	
任务		完成情况记录			
直播营销的优势					
直播营销的常见形式					
直播营销和传统营销					
完成任务后的收获					

拓展练习

实训目的：

在实际训练中灵活运用本节所讲的直播营销的相关知识。

实训内容：

以小组为单位，结合本节所讲的直播营销的常见形式，选一类营销形式进行模拟营销练习。

实训要求：

根据每组所选的该类直播主题，任选一种营销形式，依照本节所学的营销形法与技巧完成任务。要求营销过程中步骤齐全、流程完整、安排合理，可适当自由发挥。

实训评价：

每组现场展示汇报后，其他组同学举手投票选择最有意向购买的商品，从而评选最佳营销组。

通过该实训活动，加深学生对本节所学直播营销的了解，在实际运用中灵活掌握所学重点。

任务二　直播平台

任务描述

直播平台的内容具有较高的价值。有好的内容，才能有好的消费用户。直播平台承担的任务包括：找准内容场景定位、提供商品和技术服务、发掘组织内容生产者、推广内容平台获取用户、运营服务好用户、发展商业模式形成循环等内容。

直播平台是直播产业链中不可或缺的一部分，它为直播提供了内容输入和输出的渠道。根据直播平台的主打内容来划分，目前市场上的直播平台可以分为娱乐类直播平台、游戏类直播平台、购物类直播平台和体育类直播平台 4 种类型。

学习目标

（1）了解直播平台的主要类型；

（2）掌握各类商品适用于哪种直播平台。

任务分配

根据商品特色与卖点，每两位同学自行协商分工，配合完成对直播平台类型的分类。直播平台类型划分任务分配表见表 1-6。

表 1-6　直播平台类型划分任务分配表

班级			
组员	姓名	学号	任务分工

任务准备

引导问题 1：在日常生活中了解到有哪些类型的直播平台？

引导问题 2：不同类型的直播平台各自都有什么特色？

任务实施

一、娱乐类直播平台

娱乐类直播平台主要包括娱乐直播和生活直播两类。娱乐直播包括女主播连麦、唱歌等，生活直播包括逛街、做饭、出行等。目前娱乐类直播的直播平台主要有 YY 直播、斗鱼直播等（如图 1-11、图 1-12 所示）。随着生活水平的提高，人们更加注重精神生活，而娱乐是提升人类精神生活的重要途径。人们通过娱乐类直播平台，可以实现“全民互动”，从这点来看，娱乐直播的市场前景是十分广阔的。

图 1-11　YY 直播

图 1-12　斗鱼直播

这种类型的直播平台在直播行业具有较大的优势，因为其涵盖的直播内容比较丰富，受众群体也比较广泛。通过图 1-11、图 1-12 可以看出直播平台能够实现受众群体的全体互动，有良好的发展前景，可以考虑通过娱乐类直播平台进行直播运营与推广的方法。

二、游戏类直播平台

游戏行业一直是行业巨头们青睐的对象，特别是电竞的发展带来了全球范围内大量的资本涌入。国内现在的游戏类直播用户主要集中在虎牙直播（如图 1-13 所示）、战旗 TV、龙珠直播、火猫直播等平台。目前，互联网巨头不断加快国内电竞游戏类直播的布局，腾讯不只注资支持自家龙珠直播，还参与其他平台的 B 轮融资；阿里体育斥资 1 亿元举办电竞比赛。可见，电竞游戏类直播是巨头们争夺的焦点。

图 1-13　虎牙直播

三、购物类直播平台

购物类直播主要通过各类网络达人在“电商+直播”平台上和粉丝进行互动社交，达到出售商品的目的。购物类直播平台如淘宝、京东、聚美优品、唯品会等，其用户以女性居多，多以大学生、白领为主，消费水平处于中上游。这类直播平台的盈利方式以商品销售为主，以增值服务（虚拟道具购买）为辅，吸粉方式主要是网络达人入驻和明星入驻。

图 1-14、图 1-15 分别是两个购物类直播平台的商品展示和商品专场，良好的直播购物环境达到了直播运营与推广的目标。

图 1-14　京东直播商品展示

图 1-15　淘宝直播商品专场

四、体育类直播平台

体育类直播平台除体育明星直播外，体育赛事也是娱乐活动的主要内容之一，受到用户的欢迎和认可。懂球帝（如图 1-16 所示）、章鱼 TVB 和企鹅直播是目前最受体育类直播用户欢迎的平台，其专业生产内容（简称 PGC）和用户原创内容（简称 UGC）均获认可。这三个直播平台虽然起步较晚，移动用户多数来源于本身积累的大量体育爱好者，但是其功能和内容方面的布局比较成熟，市场主要特点是版权竞争激烈和商品创新突出。

图 1-16　懂球帝直播页面

任务评价

1. 学生自评（见表 1-7）

表 1-7　直播平台学生自评表

班级		学号		姓名	
角色	○ 组长　　○ 组员		完成时间		
任务		完成情况记录			
娱乐类直播平台					
游戏类直播平台					
购物类直播平台					
体育类直播平台					
完成任务后的收获					

2. 学生互评（见表 1-8）

表 1-8　直播平台学生互评表

班级		被评人学号		被评人姓名	
评价者角色		评价者学号		评价者姓名	

续表

任务	完成情况记录
娱乐类直播平台	
游戏类直播平台	
购物类直播平台	
体育类直播平台	
完成任务后的收获	

3. 教师评价（见表 1-9）

表 1-9　直播平台教师评价表

班级		被评人学号		被评人姓名	
任务		完成情况记录			
娱乐类直播平台					
游戏类直播平台					
购物类直播平套					
体育类直播平台					
完成任务后的收获					

拓展练习

实训目的：

在实际训练中灵活运用本节所讲的直播平台相关知识。

实训内容：

以个人为单位，对不同的直播平台进行分类，归纳总结后在小组内进行分享。

实训要求：

每组依照本节所学的直播平台相关知识，确定分析目标、进行调研、收集数据，进行分类分析。要求数据真实有效，合理分析信息，进行细致分类。注意分类应有理有据，具有逻辑性和参考价值。

实训评价：

每组现场展示汇报后，其他组同学总结所学所获。

通过该实训活动，加深学生对本节所学直播平台的了解，在实际运用中灵活掌握所学重点。

项目二

直播营销的筹备

直播营销不是一个简单的小活动，如果没有明确的直播营销计划，就无法达到预期营销目标或顺利进行。因此，在直播营销活动之前，直播团队必须明确思路，制订合理的直播营销计划，并按照计划开展直播营销活动。

本项目介绍直播营销活动的过程、直播营销活动的过程策划，以及直播现场活动脚本的设计，从而起到辅助商品销售的目的。

任务一　直播营销活动的过程

任务描述

随着手机、平板等移动智能终端的普及，主要依托移动终端的直播开始进入人们的视野。凭借庞大的用户基数，直播势必会变得更加火爆。本章针对直播的概念及相关内容、形式进行详细的介绍与讲解。

直播营销团队在开展直播营销活动前，必须对其全过程进行策划和设计，确保直播营销活动的有效性和顺利进行。目标设定、促销宣传、硬件支持、直播及重播活动和直播总结是直播营销活动的基本流程。

学习目标

（1）明确直播营销要实现的目标；
（2）如何做好直播宣传规划的工作；
（3）做好筹备直播活动硬件支持；
（4）掌握直播和重播活动后的经验总结。

任务分配

本任务为分组任务：每组若干组员在组长带领下，根据不同内容的直播营销话术设计活动的过程任务，以进行任务分工，共同完成一场直播营销活动。完成一场直播营销活动的任务分配表见表 2-1。

表 2-1　完成一场直播营销活动的任务分配表

班级		组号		组名	
角色	姓名	学号	任务分工		
组长					
组员					

任务准备

引导问题 1： 直播营销活动有哪些过程？

引导问题 2： 你认为直播营销活动中哪些是主要步骤？

任务实施

一、目标设定

直播是企业的一种营销手段。所以现场直播不但要有简单的才艺表演和话题分享，还要关注企业营销目标。否则只是“闭门造车”，不能给公司带来真正的利润。企业和品牌可以参照 SMART 原则制定健康营销目标，明确和规范营销内容。SMART 原则如图 2-1 所示。

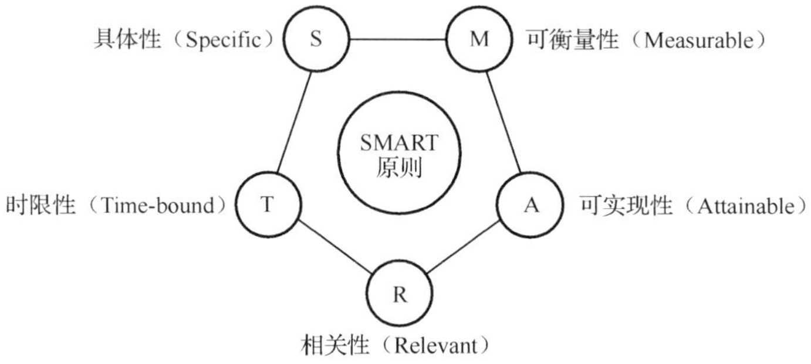

图 2-1　SMART 原则

1. 具体性

具体性是用特定的语言清楚地表明需要实现的目标。营销目标应该是明确的，而不是含糊不清的。例如，“直播营销有助于提高品牌影响力”并不是一个具体的目标。

2. 可衡量性

可衡量性是指营销目标应该是可定量的或行为化的，作为衡量目标是否实现的标准，必须有一组明确的数据做支撑。例如，“用直播营销增加门店的日销售额”不是一个可衡量的目标，“用直播营销达到日销售额 50 万元”是一个可衡量的目标。

3. 可实现性

可实现性是指可以通过努力工作来实现。例如，因为某个公司/品牌的上一次直播已经吸引了 5 万名观众，所以该企业/品牌将对此直播感兴趣的用户数值设置为 100 万。

4. 相关性

相关性是指直播营销的目标与公司/品牌设定的其他营销目标相关。

5. 时限性

时限性是指实现目标的时限。例如，在直播的 24 小时内“新商品销售超过 10 万件”则没有设定目标达成时限；如果改成“在直播的 24 小时内新商品销售超过 10 万件”则符合时限性要求。

二、促销宣传

为了达到良好的营销效果，直播活动团队应该在直播活动开始前发布直播活动。营销的本质追求的是“简单的在线观众”，而不是“目标用户的在线观众”。

为了推广母婴商品，促销宣传直播团队应该从市场营销的角度吸引婴儿父母、祖父母等相关人员到直播室。如果促销宣传直播团队为了追求直播观众的数量而吸引众多学生收看直播，就不能实现促销宣传直播营销的目标。因此，促销宣传直播宣传必须吸引尽可能多的目标用户。具体来说，在设计促销宣传直播公关团队时，可以从以下 3 个方面着手组建团队。

1. 选择合适的宣传平台

不同的用户习惯在不同的媒体平台上浏览信息。直播管理团队分析目标用户群在线行为习惯，选择其习惯出现的平台播出信息，吸引尽可能多的目标用户。

2. 选择合适的宣传形式

选择合适的宣传形式，需要直播运营团队选择适合媒体平台特点的信息展示模式来推送宣传信息。例如，在微博平台上，直播运营团队采用“文字+图片”形式（如图 2-2 所示）或“文字+短视频”形式（如图 2-3 所示）推广直播活动，还可以在微信公众号采用创意信息图（如图 2-4、图 2-5 所示）的形式推广直播活动，另外，直播运营团队也可以通过微信平台上的短视频推广直播。

图 2-2 微博平台上“文字+图片”式宣传

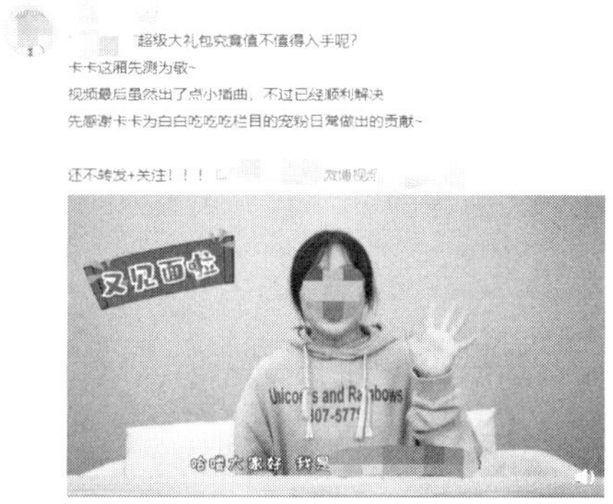

图 2-3 微博平台上“文字+短视频”式宣传

图 2-4 微信公众号创意信息图一

图 2-5 微信公众号创意信息图二

3. 选择合适的宣传频率

在新媒体时代，当用户根据自己的喜好选择信息时，可以收到更多的推送信息。因此，如果直播活动团队发送过多的广告，很可能导致用户反感并屏蔽相关信息。为了避免这种情况，直播团队可以根据用户能够接受的最大频率设计多轮广告。例如，如果用户能够接受“一天一次”的公关频率，直播运营团队就在前 6、4、2 天向公众播出该节目的活动信息，并能在直播当天取得良好的广告效果。

三、硬件支持

为了保证直播的顺利进行，直播团队需要准备必要的硬件，如场地选择、直播设备、直播辅助设备等。

1. 场地选择

直播营销活动场地分为室外场地和室内场地。一般室外场地包括公园、商场、广场、景区、游乐园、生产基地等，但一般在室内场地策划营销活动，包括商店、办公室、咖啡馆、新闻发布会等，直播营销活动选址后应适当布置，营造良好的直播环境。

2. 直播设备

在直播准备阶段，直播组对便携电话、摄像机、灯光、网络等直播设备进行调试，防止设备故障影响直播活动的顺利进行。

3. 直播辅助设备

直播辅助设备包括直播广告材料和直播所需的辅助道具。直播广告材料包括直播公关海报、直播公关贴纸等，辅助道具包括商品照片、工具、制作搞笑照片的设计器等。巧妙运用辅助道具，可以帮助主播更好地展示商品，让用户了解直播内容和商品特点。

四、直播活动和重播活动

1. 直播活动

经过直播前的一系列准备工作，下一步将正式实施直播营销活动。直播营销活动的实施可以分为 3 个环节：直播开场、直播过程、直播收尾。执行环节的操作要点见表 2-2。

表 2-2　直播营销活动执行环节的操作要点

执行环节	操作要点
直播开场	通过开场互动让用户了解本场直播的主题、内容等，使用户对本场直播产生兴趣，并停留在直播间
直播过程	借助营销话术、发红包、发优惠券、才艺表演等一系列方式，进一步加深用户对本场直播的兴趣，让用户长时间停留在直播间，并产生购买行为
直播收尾	向用户表示感谢，并预告下场直播内容，引导用户关注直播间，将普通用户转化为直播间的忠实粉丝；引导用户在其他媒体平台上分享本场直播或本场直播中推荐的商品

2. 重播活动

本场直播的结束并不意味着整个直播的结束。本场直播结束后，直播运营团队可以将本场直播视频发布到抖音、快手、微信和微博平台上以实现效果最大化。

为确保直播活动中二次传播的有效性和目的性，直播团队可参照图 2-6 所示的 3 个步骤设计直播活动的二次传播方案。

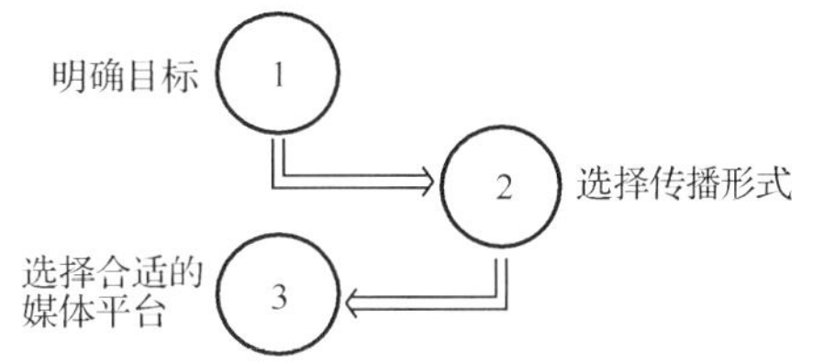

图 2-6　直播活动二次传播计划基本流程

（1）明确目标

为了设计直播活动的二次传播方案，必须明确传播方案实施中要达到的目标，如提升品牌意识、品牌美誉度、提高商品销量等。需要注意的是，直播活动二次传播方案的目标并非孤立的，而是与公司/品牌设定的整体营销目标相匹配的。

（2）选择传播形式

直播团队在明确传播目标后，应选择适当的传播形式，将直播活动的二次传播信息在网络上公开。目前有两种常见的传播形式：直播视频传播和直播软文传播。直播运营团队可以采用一种或两种形式。

① 直播视频传播。

直播结束后，以视频图片的形式分享直播活动的现场情况，是直播活动二次传播的有效方法之一。直播活动二次传播视频制作包括 3 种形式：录制直播画面、浓缩直播画面摘要、截取直播片段。

A．录制直播画面。

直播团队可以在直播的同时录制直播视频，错过实时直播的用户可以通过观看直播视频回放，获取直播内容。如图 2-7、图 2-8 所示，为某主播在淘宝直播中发布的直播回放视频。

图 2-7　某主播直播回放视频一

图 2-8　某主播直播回放视频二

直播团队制作直播视频时，可以添加标题、结尾、姓名、主要参与者等信息，以增强直播视频的魅力。

B．浓缩直播画面摘要。

直播视频摘要逻辑与电视新闻基本相同，直播视频录制完成后，直播团队将无法评价的画面剔除，选取关键图像，制作视频，并对视频图像进行叙述和说明。例如，新手机发布会直播结束后，直播运营团队现场直播了一段浓缩的总结视频，并对视频进行了点评：下午 2 点，××联播了一个新手机发布会。在新手机发布会上，公司产品经理详细介绍了这款手机的性能（插入产品经理介绍这款手机性能的视频）和名人现场体验手机各种功能（插入名人体验手机功能的图片）后的感受。

C．截取直播片段。

直播运营团队还可以从直播中捕捉有趣、温馨、有意义的片段，制作成网络爆款视频。

② 直播软文传播。

直播软文传播就是用软文书写直播活动细节，发布到相关媒体平台，并以图形的形式与用户分享直播内容。在撰写现场软文时，现场运营团队可以分享行业信息、查看成熟度、分享体验，并进行现场体验分享。

A．分享行业资讯。

对严肃的主题进行直播，直播运营团队以行业信息软文的方式，进行第二次直播活动。在行业信息软文中，加入剪辑的现场视频，以吸引更多的业内人士观看。

B．提炼观点。

提炼观点是指对新商品的主要功能、企业未来的发展方向、直播活动的核心内容（如商品未来的研发方向）进行提炼并将其写成软文。

C．分享主播经历。

主播可以以第一人称的方式写软文、日记和工作日志，进行直播。与第二人称相比，第一人称写作更具亲切性，更容易拉近主播与用户之间的心理距离，更容易推广。

D．分享体验。

分享体验就是从用户的角度写一篇软文，描述观看直播的体验或感受。虽然这种宣传软文不是从直播管理团队的角度来写的，但它从用户的角度反映个人体验，更具吸引力和说服力。

E．分享直播心得。

分享直播经验，就是写一篇软文，直播运营团队从运营商的角度分享直播背后的故事。软文的主题是“直播策划方法”“直播宣传与引流三部曲”等。

（3）选择合适的媒体平台

确定传播形式后，直播团队应将制作好的信息导入相应的媒体平台。如果是视频形式的信息，就可以发布到抖音、快手、视频号、腾讯、爱奇艺、微博等平台上；如果是软文形式的信息，就可以发布到微信公众号、知乎等平台上。

五、直播总结

复盘本来是一个围棋术语，指的是对弈结束后，双方棋手复演该盘棋的记录，以检查自己在对局中招法的优劣与得失。在直播营销中，复盘就是直播运营团队在直播结束后对本次直播进行回顾，评判直播营销的效果，总结直播的经验教训，为后续直播提供参考。

直播团队对直播效果超出预期的，分析直播各环节的成功情况，为后期的直播积累成功经验；对直播效果达不到预期的，应找到改进方法，总结经验教训，避免后续直播中出现相同或类似的错误。

直播营销回放包括直播数据分析和直播体验总结两部分。直播数据分析主要是通过分析直播数据的方式来衡量直播的效果。直播团队通过对自播流程设计、团队协作等客观数据进行分析，整理成体验手册，为以后的直播活动提供有效参考。

任务评价

1. 学生自评（见表 2-3）

表 2-3　直播营销活动的过程学生自评表

班级		学号		姓名	
角色	○ 组长　　○ 组员		完成时间		
任务		完成情况记录			
目标设定					
促销宣传					
硬件支持					
直播和重播活动					
直播总结					
完成任务后的收获					

2. 学生互评（见表 2-4）

表 2-4　直播营销活动的过程学生互评表

班级		被评人学号		被评人姓名	
评价者角色		评价者学号		评价者姓名	
任务		完成情况记录			
目标设定					
促销宣传					
硬件支持					
直播和重播活动					
直播总结					
完成任务后的收获					

3. 教师评价（见表 2-5）

表 2-5　直播营销活动的过程教师评价表

班级		被评人学号		被评人姓名	
任务		完成情况记录			
目标设定					

续表

任务	完成情况记录
促销宣传	
硬件支持	
直播和重播活动	
直播总结	
完成任务后的收获	

拓展练习

实训目的：
在实际训练中灵活运用本节所讲的直播间某一商品快速销售具体流程和方法。

实训内容：
以小组为单位，任选主打商品，结合本节所讲的直播营销活动的筹备过程，完成某一商品营销活动。

实训要求：
实训进行的营销活动需包括目标设定、促销宣传、硬件支持、直播和重播活动、直播总结这五个环节，要求流程完整且每一环节中至少运用一种本节所讲的技巧方法。

实训评价：
一人完成模拟直播营销后，其他同学进行投票，模拟直播间观众购买该商品，从而评选出最佳主播。

通过该实训活动，加深学生对本节所学直播营销活动的过程及技巧方法的理解，在实际运用中灵活掌握所学重点。

任务二 直播营销活动的过程策划

任务描述

直播具有即时性、互动性等特点，对企业积累人气、推广品牌等有很大的帮助，因此了解直播营销的技巧相当重要。

一般来说，直播营销活动必须在直播前完成，因为它的时间比较长，制订合理的直播营销流程计划，能更好地控制现场节奏，保证直播顺利进行。

直播营销活动的过程策划还需熟练掌握“过样”过程的策划和“循环”过程的策划。

学习目标

（1）了解“过样”过程的策划；

（2）了解“循环”过程的策划。

任务分配

根据对商品特色与卖点的把握，每四位同学自行协商分工，配合完成某一类商品的直播营销活动的过程策划，见表 2-6。

表 2-6 直播营销活动的过程策划任务分配表

班级	姓名	学号	任务分工
组员			

任务准备

引导问题 1：“过样”过程的策划包含哪些内容？

引导问题 2：“循环”过程的策划包含哪些内容？

任务实施

一、“过样”过程的策划

所谓“过样”过程，就是逐一讲解直播商品。因为直播时间较长，直播期间会不断有用户离开直播间，也会不断地有新用户进入直播间，所以，在直播结束前 20 分钟左右，所有的直播商品都可以重新锚定，这可以让新用户了解直播的各种商品，也可以通过“捡漏”购买一些商品，能有效提高现场营业额。表 2-7 所示的“过样”直播过程是一场时长为 2 小时的“过样”直播过程示例。

表 2-7 “过样”直播过程

时间安排	直播内容
20:00—20:10	热场互动
20:10—20:30	介绍本场直播第一款商品
20:30—20:50	介绍本场直播第二款商品
20:50—21:00	与用户互动环节
21:00—21:20	介绍本场直播第三款商品
21:20—21:40	介绍本场直播第四款商品
21:40—22:00	再次将本场直播中所有商品快速地介绍一遍

【任务实训】

4 人一组合作完成某一商品直播营销活动的“过样”过程的策划（见表 2-8）。

表 2-8　某一商品直播营销活动的“过样”过程的策划

班级	姓名	学号	任务分工
组员			

二、“循环”过程的策划

所谓“循环”过程，是在直播间里循环介绍商品的一种方式。如果主播想在直播中推荐 4 款商品，就可以在 130 分钟的直播过程中，把 4 款商品以 30～40 分钟为一个循环进行 3～4 次的介绍。表 2-9 就是一场时长为 130 分钟的“循环”直播过程示例。

表 2-9　“循环”直播过程

时 间 安 排	直 播 内 容
20:00—20:10	热场互动
20:10—20:40	介绍本场直播中的三款主推款商品
20:40—20:50	介绍本场直播中的一款“宠粉款”商品
20:50—21:20	介绍本场直播中的三款主推款商品（第一次循环）
21:20—21:30	介绍本场直播中的一款“宠粉款”商品（第一次循环）
21:30—22:00	介绍本场直播中的三款主推款商品（第二次循环）
22:00—22:10	介绍本场直播中的一款“宠粉款”商品（第二次循环）

【任务实训】

4 人一组合作完成某一商品直播营销活动的“循环”过程的策划（见表 2-10）。

表 2-10　某一商品直播营销活动的“循环”过程的策划

班级	姓名	学号	任务分工
组员			

任务评价

1. 学生自评（见表 2-11）

表 2-11　直播营销活动的过程策划学生自评表

班级		学号		姓名	
角色	○ 组长　　○ 组员		完成时间		
任务	完成情况记录				
“过样”过程的策划					
“循环”过程的策划					
完成任务后的收获					

2. 学生互评（见表 2-12）

表 2-12　直播营销活动的过程策划学生互评表

班级		被评人学号		被评人姓名	
评价者角色		评价者学号		评价者姓名	
任务		完成情况记录			
“过样”过程的策划					
“循环”过程的策划					
完成任务后的收获					

3. 教师评价（见表 2-13）

表 2-13　直播营销活动的过程策划教师评价表

班级		被评人学号		被评人姓名	
任务		完成情况记录			
“过样”过程的策划					
“循环”过程的策划					
完成任务后的收获					

拓展练习

实训目的：

在实际训练中灵活运用本节所讲的直播营销活动过程策划的具体流程和方法。

实训内容：

每组自选一类商品，组员共同讨论完成一场直播营销活动的过程策划，并完成拓展练习。

实训要求：

从“过样”过程的策划和“循环”过程的策划中任选一个，要求流程完整，且每一环节至少运用一种本节所讲的技巧方法。

实训评价：

一人完成模拟直播营销后，其他同学进行投票，模拟直播间观众购买该商品，从而评选出最佳主播。

通过该实训活动，加深学生对本节所学直播营销活动过程策划技巧方法的理解，在实际运用中灵活掌握所学重点。

任务三　直播现场活动脚本的设计

任务描述

要想实现直播营销的目的，还需要探索各种新鲜实用的模式。没有创新的模式，就无法达到更好的营销效果。

直播成功与否主要与主播的内容输出有关。只要直播的内容有自己的特点，就很容易吸引用户。那么，如何打造成功的直播呢？编写高质量的现场脚本是关键因素之一。

学习目标

（1）了解直播脚本的重要性；
（2）完成直播前的准备工作；
（3）准备好各项活动的脚本设计。

任务分配

本任务为分组任务，每组若干组员在组长带领下，根据以往观看的直播现场活动，来完成某一直播现场活动的直播脚本设计（见表 2-14）。

表 2-14　某一直播现场活动的直播脚本设计

班级		组号		组名	
角色	姓名	学号	任务分工		
组长					
组员					

任务准备

引导问题 1：直播脚本有哪些重要性？
引导问题 2：直播前准备工作的脚本设计有哪些？
引导问题 3：直播时在线活动的脚本设计有哪些？

任务实施

一、直播脚本的作用

直播脚本是系统化的直播流程，可以缩短首次直播的准备时间，也可以确保整场直播的稳定性，方便主播控制节奏，还可以清晰明确直播进度和直播安排，通过设计流程化的脚本，能有效避免各类棘手的问题。

清晰、详细、可执行的直播脚本是直播能够顺利进行、取得良好效果的前提。具体来说，直播脚本的作用主要体现在以下 3 个方面。

1. 提高直播筹备工作的效率

直播前，直播团队需要制订充分的直播计划，包括如何设置直播主题、如何设置直播场景、如何设置直播优先场景等。在直播前创建直播脚本，可以让运营团队参与直播，了解直播过程，明确责任，从而保证直播筹备工作顺利进行。

2. 帮助主播梳理直播流程

直播脚本可以帮助主播了解直播的主要内容，梳理直播过程，让主播清楚知道在某个时间点该做什么，在某个时间点该说什么，还有什么没有完成，从而避免主播无话可说、活动规则解释不清的情况。一个详细的直播脚本甚至对主播的声音都有技术性提示，帮助主播保持语言吸引力，与粉丝轻松互动。

3. 控制直播预算

对于中小型卖家来说，直播预算非常有限，因此他们可以在直播脚本中提前设计优惠券面值、红包金额、礼品支出等，从而提前控制直播预算。

二、直播前准备工作脚本设计

一场高质量的直播需要提前策划，直播运营团队可以在直播前通过编写直播前准备工作脚本，对直播前的相关准备工作进行策划。直播前准备的策划脚本可以提高直播效率，降低直播出错的概率。以淘宝直播为例，直播运营团队可以参考表 2-15 来设计直播前准备工作脚本。

表 2-15　直播前准备工作脚本设计

时　间	工作内容	具体说明
直播前 15～20 天	选品	选择要上直播的商品，并提交直播商品的链接、直播商品的折扣价
	确定主播人选	确定由品牌方提供主播，还是由运营团队提供主播
	确定直播方式	确定是使用手机直播，还是使用电脑直播
直播前 7～15 天	确定直播间活动	确定直播间的互动类型和具体实施方案
直播前 7 天	寄样品	如果是由品牌方提供主播，则无须寄送样品；如果是品牌方请知名主播或其他专业机构做直播，则品牌方需要向知名主播和其他专业机构寄送样品
直播前 5 天	准备创建直播间所需的相关材料	① 准备直播间封面图（要符合相关平台要求）； ② 准备直播标题（不宜过长，要有吸引力）； ③ 准备直播内容简介（1～2 段文字，概述本场直播重点，突出直播中的优惠，如抽奖、直播优惠券等）； ④ 准备直播间商品链接（要跟紧直播进度，在直播间发布商品链接，让用户单击链接购买商品）
直播前 1～5 天	直播宣传预热	采取多种方式，通过微淘、微博、微信等渠道对直播进行充分的宣传

三、直播在线活动的脚本设计

直播通常会持续几个小时。在这段时间里，主播应该提前计划先说什么，什么时候互动，什么时候推荐商品，什么时候提供优惠。因此，现场直播团队需要提前准备整场活动的脚本。

整场直播活动脚本是对直播活动内容和过程的策划与安排，重点是对现场活动节奏的策划。一般来说，直播活动的脚本设计应该包括表 2-16 所示的几个要点。

表 2-16　直播在线活动的脚本设计

直播脚本要点	具 体 说 明
直播主题	从用户需求出发，明确直播主题
直播目标	明确直播要实现的目标是积累用户，还是宣传新品
主播介绍	介绍主播、副播的名称和身份等
直播时间	明确直播开始和结束的时间
注意事项	说明直播中需要注意的事项
人员安排	明确参与直播人员的职责，例如，主播负责引导关注、讲解商品、解释活动规则；副播负责互动、回复用户的问题和发放优惠券等；后台客服负责修改商品的价格、与用户沟通等
直播的流程	直播的流程要非常具体，要详细说明开场预热、商品讲解、优惠信息、用户互动等各个环节的内容和操作等问题，例如单个商品的详细讲解时间，抽奖环节的具体安排，要提前规划好时间，并且按照规划来执行

整个直播活动的脚本必须兼顾细节，做到直播自始至终井然有序，每一位参与者和道具都能充分发挥作用。表 2-17、表 2-18 所示直播活动概述和直播流程为整场直播活动脚本的示例。

表 2-17　直播活动概述

直播活动概述	
直播主题	秋季护肤小课堂
直播目标	“吸粉”目标：吸引 10 万名用户观看； 销售目标：从直播开始至直播结束，推荐的 3 款新品销量突破 10 万件
主播、副播	主播：××、品牌主理人、时尚博主；副播：××
直播时间	2021 年 3 月 8 日，19:00—21:30
注意事项	① 合理把控商品讲解节奏； ② 适当延长商品功能的讲解时间； ③ 注意回复用户的提问，要多与用户互动，避免直播冷场

表 2-18　直播流程

直播流程				
时间段	流程安排	人员分工		
		主播	副播	后台客服
19:00—19:10	开场预热	暖场互动，介绍开场截屏抽奖规则，引导用户关注直播间	演示参与截屏抽奖方法；回复用户的问题	向粉丝群推送开播通知；收集中奖信息
19:10—19:20	活动剧透	剧透今日新款商品、主推款商品，以及直播间优惠力度	补充主播遗漏的内容	向粉丝群推送本场直播活动
19:20—19:40	讲解商品	分享秋季护肤注意事项，并讲解、试用第一款商品	配合主播演示商品使用方法和使用效果，引导用户下单	在直播间添加商品链接；回复用户关于订单的问题
19:40—19:50	互动	为用户答疑解惑，与用户进行互动	引导用户参与互动	收集互动信息
19:50—20:10	讲解商品	分享秋季护肤补水的技巧，讲解、试用第二款商品	配合主播演示商品使用方法和使用效果，引导用户下单	在直播间添加商品链接；回复用户关于订单的问题

续表

直播流程				
时间段	流程安排	人员分工		
		主播	副播	后台客服
20:10—20:15	福利赠送	向用户介绍抽奖规则，引导用户参与抽奖、下单	演示参与抽奖的方法	收集抽奖信息
20:15—20:40	讲解商品	讲解、试用第三款商品	配合主播演示商品使用方法和使用效果，引导用户下单	在直播间添加商品链接；回复用户关于订单的问题
20:40—21:20	商品返场	对 3 款商品进行返场讲解	配合主播讲解商品；回复用户的问题	回复用户关于订单的问题
21:20—21:30	直播预告	预告下一场直播的时间、福利、直播商品等	引导用户关注直播间	回复用户关于订单的问题

任务评价

1. 学生自评（见表 2-19）

表 2-19　直播在线活动脚本设计的学生自评表

班级		学号		姓名	
角色	○ 组长　○ 组员		完成时间		
任务		完成情况记录			
直播脚本的作用					
直播准备工作脚本设计					
直播在线活动的脚本设计					
完成任务后的收获					

2. 学生互评（见表 2-20）

表 2-20　直播在线活动脚本设计的学生互评表

班级		被评人学号		被评人姓名	
评价者角色		评价者学号		评价者姓名	
任务		完成情况记录			
直播脚本的作用					
直播准备工作脚本设计					
直播在线活动的脚本设计					
完成任务后的收获					

3. 教师评价（见表 2-21）

表 2-21　直播在线活动脚本设计的教师评价表

班级		被评人学号		被评人姓名	
任务		完成情况记录			
直播脚本的作用					

续表

任务	完成情况记录
直播准备工作脚本设计	
直播在线活动的脚本设计	
完成任务后的收获	

拓展练习

实训目的：

在实际训练中灵活运用本节所讲的直播在线活动脚本设计的具体流程和方法。

实训内容：

每 6 人一组，以小组为单位，任选 3 款主打商品，结合本节所讲的直播在线活动脚本设计，完成一场直播在线活动。

实训要求：

实训进行的营销活动需包括直播前准备脚本设计和直播在线活动的脚本设计这两个环节。要求流程完整，且每一环节中至少运用一种本节所讲的技巧方法。

填写表 2-22 所示的直播在线活动任务分工评分表。

表 2-22　直播在线活动任务分工评分表

班级	姓名	学号	任务分工	评分
组员				

实训评价：

一人完成模拟直播营销后，其他同学进行投票，模拟直播间观众购买该商品，从而评选出最佳直播营销员。

通过该实训活动，加深学生对本节所学直播在线活动脚本设计过程及技巧方法的理解，在实际运用中灵活掌握所学重点。

【项目检测】

现有某自热快餐食品需要做直播现场活动，需设计一套直播活动脚本。

项目三

直播团队人员配置

随着新媒体技术的飞速发展，直播越来越流行，然而直播的生态领域日趋饱和，很难让主播脱颖而出，因此创建自己的直播团队非常重要。本章介绍如何根据直播团队的组织结构建立高效的直播团队，创建定位点及公司如何选择定位点。

任务一 直播团队的构成

任务描述

当前直播的风头越来越强劲，电商直播迎来红利期，对于有志于做直播的个人、商家或多频道网络（以下简称 MCN）机构来说现在是很好的入场时机，越来越多的领域正在涌向直播行业这片蓝海。无论是个人、商家还是 MCN 机构，都正在推动直播行业向专业化、规范化的方向发展。

学习目标

（1）了解直播团队的主要类型；

（2）掌握不同类型直播团队所适用的场景。

任务分配

本任务为分组任务，每组若干成员在组长的带领下，根据不同内容分为不同的直播团队，共同完成对直播团队成员的任务分配（见表 3-1）。

表 3-1 直播团队成员的任务分配表

班级		组号		组名	
角色	姓名	学号	任务分工		
组长					
组员					

任务准备

引导问题 1：一个直播团队由哪些成员构成？

引导问题 2：各成员的任务分配分别是什么？

任务实施

一、个人直播团队

作为整个电商直播的一部分，虽然个人的直播团队很薄弱，但它们也是整个电商直播中不可或缺的一部分。在商家直播、MCN 机构直播和供应链直播发展起来之前，个人直播就已经进入了市场，可以说个人直播是电商直播发展的源头。近年来，直播行业发展迅速，竞争激烈，许多主播都参与了商业直播和 MCN 机构直播等平台，这使得单个直播团队难以继续。然而，还是有大量怀揣创业梦想的人组建个人直播团队。

一场好的直播并不是主播一个人就能完成的，而是需要团队成员的通力合作，不管是前期的直播策划、脚本撰写，还是直播过程中人员的协调配合、主播的良好演绎，综合起来才能达到完美的效果。如图 3-1 所示为直播团队组织架构。

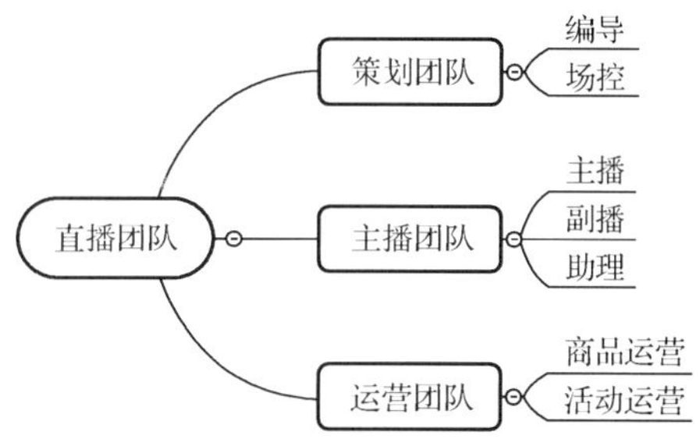

图 3-1　直播团队组织架构

1. 策划团队

策划团队的主要工作包含确定直播主题、策划直播活动、规划脚本及直播中的福利。团队成员需要根据主题确定商品、开播时间、直播持续时长，并为不同用户制订不同的福利计划。

策划团队包括编导和场控，其主要职责如下。

① 编导：负责策划直播活动，撰写直播脚本等。

② 场控：负责直播间的中控台，协调商品的上架、下架，发送优惠信息、红包公告，抽奖送礼，根据直播间要求更改商品价格，以及控制直播间节奏等。

2. 主播团队

主播团队是直播的最终执行方，其工作内容是展示商品，与用户互动。除直播以外，主播团队还需要提供重播和信息反馈，以优化和增强直播效果。主播团队一般包括主播、副播和助理，其主要职责如下。

① 主播：负责正常直播，熟悉商品信息，介绍并展示商品，与用户互动，介绍活动，复盘直播内容等。

② 副播：协助主播直播，与主播配合，说明直播间规则，介绍促销活动，补充商品卖点，引导用户关注等。

③ 助理：配合直播间的所有现场工作，包括灯光设备的调试，商品的摆放等，有时也承担副播的角色。

3. 运营团队

运营团队一般包括商品运营和活动运营，主要负责直播的正常运营，其主要职责如下。

① 商品运营：负责提供商品，挖掘商品卖点，培训商品知识，优化商品等。

② 活动运营：负责搜集活动信息，策划活动文案，执行活动计划等。

二、商家直播团队

目前电商直播的浪潮来势迅猛，站在直播的风口上，有经验的商家，尤其是对互联网、电商、新媒体比较熟悉的商家，纷纷开始构建自营直播团队。如图 3-2 所示为商家直播团队组织架构。

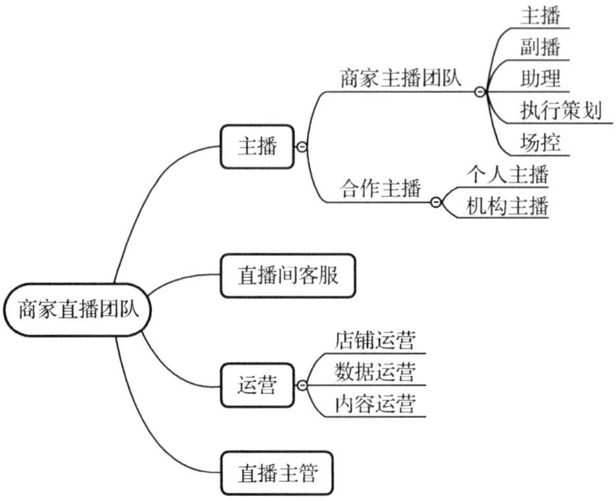

图 3-2　商家直播团队组织架构

1. 主播

商家既可以自建主播团队，又可以根据需要选择主播。

商家主播团队包括主播、副播、助理、执行策划和场控。在选择主播时，商家需要寻找与企业特点相匹配的主播，其形象、气质应与品牌形象相匹配，并熟悉企业文化和商品信息，塑造的直播人设要与商品的目标用户群体相匹配。

合作主播包括个人主播和机构主播。

① 个人主播：负责活动型直播和品牌塑造型直播等。

② 机构主播：与个人主播的作用差不多，但是商家可以通过机构推荐，选择比较成熟和匹配的主播资源。

2. 直播间客服

直播间客服主要负责直播间的互动答疑，在直播间里配合主播直播，以及商品售后发货等问题。

3. 运营

运营包括数据运营、店铺运营和内容运营，具体如下。

① 数据运营：负责直播数据检测，分析优化方案等。

② 店铺运营：负责配合与直播相关店铺的运营工作等。

③ 内容运营：负责直播前后的内容宣传、造势与运营等。

4. 直播主管

直播主管主要负责主播的日常管理、招聘、培训、心理辅导等。

三、机构直播团队

当机构建立直播团队时，要做的工作有：筛选或孵化直播达人，发现并运营优质内容，帮助直播达人获取流量和粉丝，进行粉丝管理、平台资源对接、活动运营、商业化变现及子 IP 的开发等系列工作。机构直播团队组织架构包括直播业务、淘 Live&PGC 业务和直播商家业务，如图 3-3 所示。

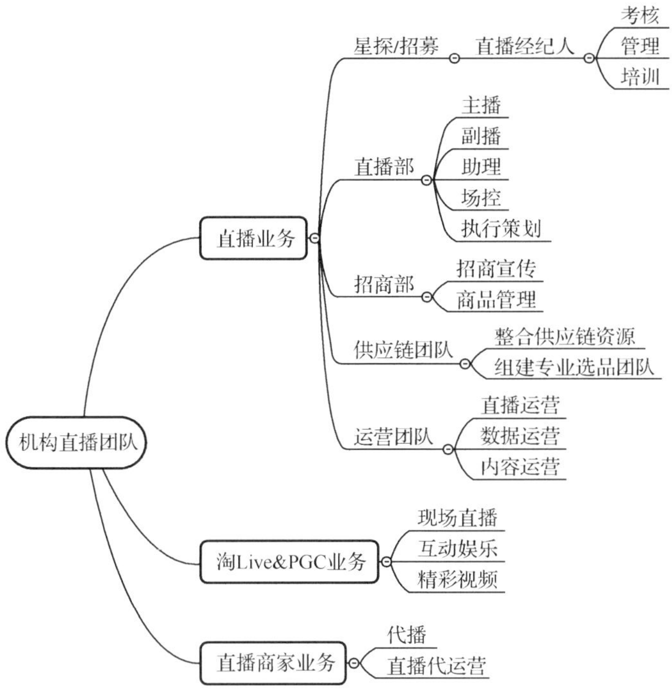

图 3-3　机构直播团队组织架构

1. 直播业务

直播业务的组织架构主要包括星探/招募、直播部、招商部、供应链团队、运营团队等，各组织架构的具体人员和工作内容见表 3-2。

表 3-2　直播业务组织架构的具体人员和工作内容

直播业务组织架构	具体人员和工作内容
星探/招募	主要是直播经纪人，负责主播的招聘、考核、管理、培训等
直播部	主要包括场控、主播、副播、助理、执行策划等
招商部	招商宣传：负责与商家合作、商品招商等； 商品管理：负责商品的选品、更新、管理等
供应链团队	整合供应链资源：保持高频率带货形势下的货源稳定和价格优势； 组建专业选品团队：严格筛选，保证商品质量
运营团队	直播运营：负责与各项直播业务运营相关的工作； 数据运营：负责直播数据收集、分析，优化直播方案等； 内容运营：负责直播前后的内容宣传、运营等

2. 淘 Live&PGC 业务

淘 Live&PGC 业务主要包括现场直播、互动娱乐和精彩视频。

淘宝直播 PGC（专业生产内容）栏目需要具有专业领域视频直播制作能力的机构，为淘宝用户传播其感兴趣、有价值且与电商关联的直播视频内容。

要想入驻 PGC 栏目，需要具备相应的资质条件：独立法人，固定的办公场地，一般纳税人资质；公司注册时间要大于 1 年，且从事广告、自媒体、电视、电影制作等相关业务 1 年以上，公司注册资金不少于 100 万元。

机构需要开通“淘 Live&PGC”业务模块，提交申请、通过审核并缴纳保证金后，即可开启 MCN 机构直播。

审核成功后，机构还要在 15 天内申请 3 次试播，每次直播的时长不得低于 2 小时，3 次直播累计观看量达到 2000 人次后，就可以进入淘宝直播正式栏目群。要注意的是，MCN 机构旗下的各个栏目活跃度不得低于 70%，如果半年内未开播，就会被删除淘宝直播权限。

3. 直播商家业务

直播商家业务主要包括代播、直播代运营，其具体服务如下。

① 代播：为商家提供主播、直播间等一系列直播服务。

② 直播代运营：为商家提供直播及相关业务的一条龙服务。

四、供应链直播团队

在机构培养主播帮助商家销售商品的初始阶段，商品来源只能依靠商家寄样。在培养新主播的过程中，MCN 机构发现仅仅依靠商家寄样已经无法满足直播间对货品的需求。此外，行业发展越来越快，主播成长得越来越快，同时用户也提高了对货品的要求。因此，直播基地、线下市场直播供应链、设计师供应链等产业应运而生。

直播行业即将进入“下半场”，“下半场”拼的是商品供应链效率。它要明确自身所具备的能力，针对自身所在的市场，建立自己的核心竞争力，进行精细化运营。小型供应链“小而美”，与机构捆绑，长期运营；大型供应链可以成为赢得更大市场的超级供应链。如图 3-4 所示为供应链直播团队组织架构。

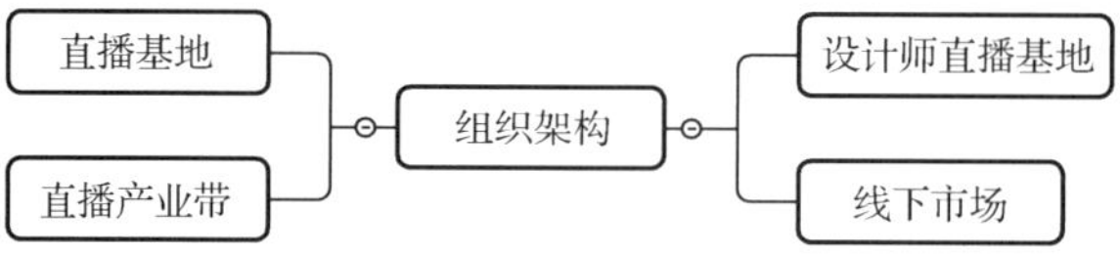

图 3-4　供应链直播团队组织架构

1. 直播基地

现在市面上的直播基地运营主体主要有以下两类。

（1）流量平台自建

例如，京东、淘宝、快手等平台在全国范围内都有直播基地，其中包括自建自营、外包第三方运营、合作运营等多种运营方式。

（2）MCN 机构建设

MCN 机构也希望延展产业链条，因此很多 MCN 机构开始打造直播基地。

除以上两类主体外，具有产业运营经验的园区、孵化器、联合办公场地、批发市场等也可以利用自身拥有的空间供应链试水运营直播基地。

直播基地为主播和 MCN 机构提供了相对的便利，至少包括 3 种价值，即空间价值、流量价值和供应链价值，同时直播基地的集聚效应也增强了 MCN 机构的议价能力。

2. 直播产业带

直播产业带的组织架构：货源厂家（一级供应商）+直播团队+其他，这是最简单的商品供应链，可以从源头上降低成本和简化流程。

产业带商家众多，管理体系比较成熟，这让商品的品质和售后服务相对有保障。线上直播和线下产业带供应链的结合极大提升了生产端到零售端的效率。对主播来说，产业带的优势有效解决了商品供应问题；而对于产业带中的商家来说，主播背后的庞大粉丝群体也打消了商家在商品销售方面的顾虑。

3. 线下市场

线下市场的组织架构：二级或三级供应商+直播团队+其他，是以一、二级批发与流通市场、专业品类市场、百货大厦等线下正常经营的实体市场为货源的一种供应链方式。

4. 设计师直播基地

设计师直播基地是以设计师为核心形成的特色型小众化供应链。这类直播基地的人员配备和普通直播基地相差无几，只是商品的来源更高端，相关成本也更高。

供应链直播基地和设计师品牌合作或签约设计师进行设计打版，让合作的工厂生产样品，寄给主播后邀请其直播。这一般是轻奢型供应链，单价较高，其优点是款式更新较快，毛利率相对较高，主播愿意合作，而且款式上具有优势，存货少，库存积压不会太多。当然，这类直播基地也有不足之处，那就是签约设计师的成本较高，这要求电商团队必须能够准确判断市场的流行趋势，同时对主播有较强的把控能力。

任务评价

1. 学生自评（见表 3-3）

表 3-3　直播团队的构成学生自评表

班级		学号		姓名	
角色	○ 组长　　○ 组员		完成时间		
任务	完成情况记录				
理论学习情况					
技能训练情况					
任务完成情况					
任务创新情况					
完成任务后的收获					

2. 学生互评（见表 3-4）

表 3-4　直播团队的构成学生互评表

班级		被评人学号		被评人姓名	
评价者角色		评价者学号		评价者姓名	
任务		完成情况记录			
理论学习情况					
技能训练情况					
任务完成情况					
任务创新情况					
完成任务后的收获					

3. 教师评价（见表 3-5）

表 3-5　直播团队的构成教师评价表

班级		被评人学号		被评人姓名	
任务		完成情况记录			
理论学习情况					
技能训练情况					
任务完成情况					
任务创新情况					
完成任务后的收获					

拓展练习

实训目的：

在实际训练中灵活运用本节所讲的直播团队相关知识。

实训内容：

针对本节所讲的直播团队的构成，分别对不同直播团队的优点与缺点进行归纳与总结。

实训要求：

每组依照本节所学相关知识，确定分析目标、获取直播团队相关信息、对团队成员的职能分工进行分析，要求数据信息真实有效，分析应有理有据，具有逻辑性和参考价值。

实训评价：

每组现场展示汇报后，其他组同学总结所学所获。

通过该实训活动，加深学生对本节所学直播团队的了解，在实际运用中灵活掌握所学重点。

任务二　打造完美主播人设

任务描述

不管在什么行业、做什么工作，想要获得成功、成为专业人士，都要培养各种能力。很多人认为直播就是在摄像头面前和用户聊天，这就大错特错了。

想要成为一名专业的主播，就应该培养各方面的能力，本节将为大家详细介绍如何为主播打造一个完美的人设。

学习目标

（1）了解主播需具备的基本能力；

（2）明晰主播自我定位，学习设立合适人设的方法。

任务分配

每两位同学自行协商分工，配合完成打造一款完美主播人设，见表3-6。

表3-6　打造完美主播人设任务分配表

班级		组号		组名	
角色	姓名	学号	任务分工		
组长					
组员					

任务准备

引导问题1：举例说明你了解的主播符合何种人设。

引导问题2：你认为成为一名成功的主播最重要的能力是什么？

任务实施

一、主播直播基本能力

主播在刚刚入门或入驻新平台初期，多会遇到一段时间的冷遇，这就需要富有耐心，刚加入视频主播行列的人，往往因为没有耐心，而放弃直播，遭到淘汰。因此，人们做每一件事都需要有十足的耐心，只要有耐心，坚持在线直播，就会让越来越多的人关注到自己。耐心是主播必备的基本技能，是主播成功的基础。

成为一名优秀的主播，需要具备以下 3 个基本能力。

1. 表现力强，引导用户下单

主播的表现力主要体现在语言、表情和动作 3 个方面。语言要丰富，对商品进行准确的形容并引导用户购买；表情要投入，可以表现亏钱心疼，建议用户下单，让用户体验感更真切；讲解商品时动作要自然，适当的肢体动作有助于展现主播个人形象，观众更愿意看到有趣、有特点的主播。

2. 节奏感强，掌控整场直播

一场直播带货一般需要 3～6 小时，整场直播中在线人数高低起伏。作为一名优秀的带货主播一定要具备很强的控场力，在线人数多的时候做什么，用什么台词，在线人数少的时候做什么，用什么台词，做好带货节奏、商品讲解和直播间氛围的把控，从而更好地掌控整场直播。

3. 话术优秀，商品卖点讲解

主播的话术设计决定了观众购买的欲望，优秀的主播拿到商品后，知道从哪几个方面来讲解商品，用什么话术来做营销，使商品利益最大化，从而让客户在最短的时间内下单。如果没有一个好的话术，哪怕前期工作做得再好，也很难达到带货目标。话术设计优秀，就可以让商品有良好的成交率。

二、主播带货专业能力

在播商时代，直播作为一种新时代产物，通过真实场景展示商品，全社会也逐渐接受了这种方式，企业、实体店老板、自媒体人，甚至种田务农的百姓都玩起了直播，有人为了赚钱，有人为了娱乐，有人为了出名。

播商时代的主播不再是只拼颜值，还需要有内容、有实力。那么主播应该如何选择他们需要具备哪些能力？主要从以下 3 点进行介绍。

第一，专业形象

直播卖货时，粉丝来直播间第一眼看的就是主播，虽然不需要较高的颜值，但是一定要符合大众审美观。直播主播必须化妆，因为第一印象非常重要，另外，形象大方、仪态端庄、语言表达能力强等技能也都是加分项。

还有一点需要注意的是人设定位，例如做母婴商品，如果想让主播带货，肯定是找 30 岁左右的已婚女性比较好，无论是经验还是外在形象，都有说服力。

第二，卖货能力

带货主播最关键还得把货卖出去。优秀的主播肯定是一个销售高手，也是一个专业的主持人，同时还需要懂商品，能够把商品讲明白。主播需要有节奏地引导粉丝下单，这些都需要主播的控场能力。

第三，创作能力

一个成功的主播也是需要靠内容引流的，视频内容是否优质，是否原创，是否有持续创作更新的能力等，都至关重要。因为持续的更新需要有渊博的知识，所以一般持续的创作是由团队作战的，团队共同建立账号内容素材库。而小主播、商家则是个人创作，需要系统地学习实践。

三、主播人设如何打造

打造差异化是塑造人设的重点，每一位主播都应该问自己这 4 个问题，分别是“我是谁”“我要做什么”“粉丝为什么喜欢我”“明年的我将站在哪里”，人设打造的这 4 个问题如图 3-5 所示。找到属于自己的人设，激发自己的潜能，展现独特的价值，利用差异化让人设快速具有辨识力及标识性。

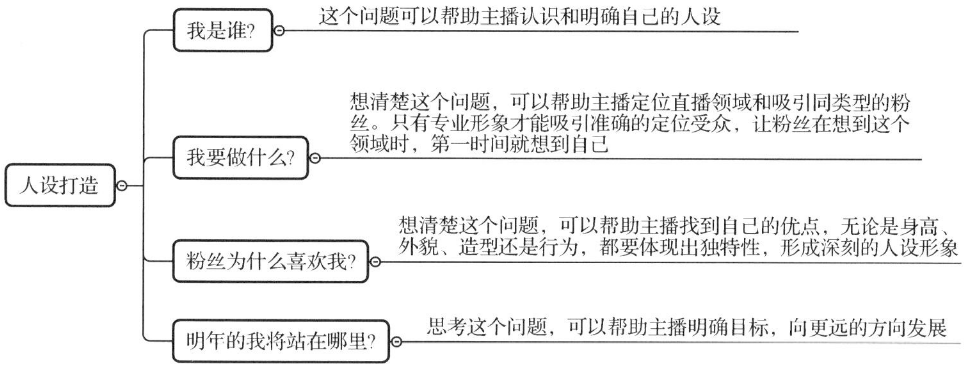

图 3-5　人设打造的 4 个问题

四、主播人设基本定位

每位主播都有自己的闪光点，需要将这个闪光点挖掘出来，吸引粉丝，让大家都喜欢自己。因此，找到自己的优势和定位是确定主播类型的前提。

塑造人设其实并不难，例如现在朋友圈、微博以及小红书等多平台的穿搭主播，她们化着时下最流行的妆容，拥有令人赏心悦目的面容和凹凸有致的身材，穿上自家的服装，进行多角度拍摄，很多用户在看到主播拍摄的照片或视频后都会心动，进而做出购买行为。

但实际上，并不是她们的衣服多么好看，而是主播们利用自身的外貌优势吸引用户，抓住了用户“也想变美”的心理，让用户想买一件回来“试试看”。

所以，在开播前，主播们要找到自己的优势，确定人设方向。可以是人美声甜的“邻家妹妹”，可以是男友力爆棚的女性“老公”，可以是让人轻松的“明星脸”，也可以是多才多艺、舞文弄墨的文艺青年。以下列举了人设的 3 种类型，如图 3-6 所示。

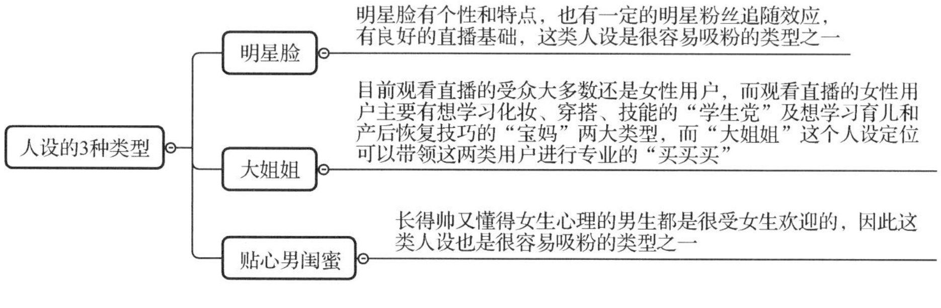

图 3-6　人设的 3 种类型举例

综上所述，找准方向，根据自身优势确定人设是每一位新主播在开播前就应该确定的，这也是成为优秀主播的前提。

五、主播人设宣传

在直播过程中如何打造专属的主播人设呢？可以从以下 3 个方面进行考虑，即个人口头禅、独特造型和特色装饰。

1. 个人口头禅

个人口头禅是人的一种标志，因为口头禅出现的次数比较多，他人听起来通常具有一定的特色。

因此，听到某人的口头禅之后，我们很容易记住他，并且在听到其他人说他的口头禅时，我们也会想到将这句话作为口头禅在我们心中留下深刻印象的人。

在抖音短视频中，一些具有代表性的头部账号的视频主播往往都有令人印象深刻的口头禅。

无论是短视频还是直播，主播或视频中人物的口头禅都能令人印象深刻，甚至当用户在关注某位主播一段时间之后，在听到主播在直播中说出口头禅时，都会觉得特别亲切。

2. 独特造型

我们在第一次见到一个人时，除了看他的长相和身材之外，还会重点关注他的穿着，或者说造型。所以，当主播以独特造型面对用户时，用户便能快速记住他，这样他的直播人设自然会快速立起来。

如图 3-7 所示是两位主播的界面，可以看到这两位主播是以《西游记》中的孙悟空和猪八戒的造型来进行直播的。当用户看到这两位主播进行直播之后，便很容易被主播的造型吸引，并对他们的造型留下深刻的印象。

图 3-7　独特造型的主播

当然，这里也不是要大家故意做一些造型去哗众取宠，而是要在合理的范围内，以大多数用户可以接受的，具有一定特色的造型来做直播，争取用造型来给自己的主播人设加分。

3. 特色装饰

除个人口头禅和独特造型之外，还包括主播后面的背景和直播间画面中的各种设置。相对于主播后面的背景来说，直播间画面中的相关设置更容易操作。

如图 3-8 所示的主播，用贴纸进行了装饰，而用户在看到贴纸之后，因为贴纸的独特性会更容易记住该主播及其直播。

图 3-8　用贴纸装饰的主播

任务评价

1. 学生自评（见表 3-7）

表 3-7　打造完美主播人设学生自评表

班级		学号		姓名	
角色	○ 组长　　○ 组员		完成时间		
任务		完成情况记录			
理论学习情况					
技能训练情况					
任务完成情况					
任务创新情况					
完成任务后的收获					

2. 学生互评（见表 3-8）

表 3-8　打造完美主播人设学生互评表

班级		被评人学号		被评人姓名	
评价者角色		评价者学号		评价者姓名	
任务		完成情况记录			
理论学习情况					
技能训练情况					
任务完成情况					
任务创新情况					
完成任务后的收获					

3. 教师评价（见表 3-9）

表 3-9　打造完美主播人设教师评价表

班级		被评人学号		被评人姓名	
任务	完成情况记录				
理论学习情况					
技能训练情况					
任务完成情况					
任务创新情况					
完成任务后的收获					

拓展练习

实训目的：

在实际训练中灵活运用本节所讲的打造主播人设的步骤流程及方法、技巧。

实训内容：

以小组为单位，团队分工，自行设计一场直播，进行模拟主播展示。

实训要求：

根据每组所选的商品，依照本节所学的打造主播人设的方法与技巧，要求直播过程中步骤齐全，彰显主播个性及特色，流程完整，安排合理，注意直播中的话术运用要合理。

实训评价：

每组现场展示节日商品营销活动后，其他组同学进行投票，模拟直播间用户购买该商品，从而评选出最佳直播营销组。

通过该实训活动，加深学生对本节所学打造主播人设的了解，在实际运用中灵活掌握所学重点。

任务三　主播助理

任务描述

作为主播助理，无论是属于商家直播间还是达人直播间，其工作都必须从直播前开始，并为直播的顺利进行做充分准备。在直播开始前，主播助理需要充分了解本次直播的所有商品，并与主播一起制定直播策略，例如发放优惠券的方式和时间点等，并提前确认直播场地和灯光布置。正式直播期间，主播助理需要跟着主播的节奏及时更新商品链接或发放优惠券，同时帮主播做商品信息补充、为观众演示领券或下单方式。

学习目标

（1）了解主播助理的基本技能；

（2）掌握主播助理的工作内容。

任务分配

本任务为分组任务，每组若干成员在组长带领下，根据教材中的案例，归纳总结主播助理的主要任务是什么。主播助理任务分配表见表 3-10。

表 3-10　主播助理任务分配表

<table>
<tr><td>班级</td><td></td><td>组号</td><td></td><td>组名</td><td></td></tr>
<tr><td>角色</td><td>姓名</td><td>学号</td><td colspan="3">任务分工</td></tr>
<tr><td>组长</td><td></td><td></td><td colspan="3"></td></tr>
<tr><td rowspan="7">组员</td><td></td><td></td><td colspan="3"></td></tr>
<tr><td></td><td></td><td colspan="3"></td></tr>
<tr><td></td><td></td><td colspan="3"></td></tr>
<tr><td></td><td></td><td colspan="3"></td></tr>
<tr><td></td><td></td><td colspan="3"></td></tr>
<tr><td></td><td></td><td colspan="3"></td></tr>
<tr><td></td><td></td><td colspan="3"></td></tr>
</table>

任务准备

引导问题 1：作为主播助理需要在哪些方面帮助主播？

引导问题 2：主播和主播助理的工作内容有哪些不同？

任务实施

一、主播助理的基本技能

在直播间，主播助理和主播一样都是必不可少的。如果没有主播助理，主播除展示或介绍商品之外，很难有其他操作。“主播是灵魂，运营和主播助理是核心。”作为直播助理，无论是哪类直播，他们的工作都必须在直播开始前就开始，并为直播的顺利进行做好充分准备。

直播结束清理现场后，主播助理需要做总结和回顾，为下一次直播做准备。据业内人士透露，在一些商家的直播间，主播助理还负责处理订单的跟进、发货等工作。

一个优秀的主播助理需要掌握以下 4 项基本技能，分别是广告传媒能力、团队沟通协作能力、商品销售能力和直播引流与运营能力，还有与之对应的技能说明，见表 3-11。

表 3-11　主播助理的基本技能

主播助理技能	技能说明
广告传媒能力	如何吸引更多粉丝，使直播间人气更高，例如设计足够吸引粉丝的直播封面，策划有利于“吸粉”的直播活动等

续表

主播助理技能	技能说明
团队沟通协作能力	主播助理必须与主播保持紧密、良好的沟通，有时主播只用一个眼神或动作，主播助理就马上明白需要做何反应，达到“心有灵犀”的默契程度
商品销售能力	主播助理需要了解直播商品的基本行业知识、所有商品信息和商品卖点，例如，某款衣服最适合哪类人穿、受众对象是谁，怎样挖掘用户的需求，提供解决方案等
直播引流与运营能力	主播助理需要了解直播平台的推荐机制和直播间的运营技巧，研究如何通过提高直播间权重来尽可能多地获取自然流量，也要深度了解直播的技巧和需要避开的问题，从而得到更优质的商业流量

二、主播助理的工作内容

作为一名优秀的主播助理，不仅需要具备基本技能，还需要活跃直播间气氛，及时帮助主播回答粉丝问题，并协助主播筛选优质商家、对商家样品进行管理，以及对活动过程数据进行分析总结。

图 3-9　主播与助理共同讲解商品

某主播的主播助理是需要出现在直播间的“副主播”。副主播在直播时不仅要试衣、解说商品、答疑解惑，还要把握好时机进行互动和调节气氛，如图 3-9 所示。

主播助理需要协助主播更好地完成直播。其一，主播助理需要了解从传播层面去尝试获取流量，例如设置足够吸引用户的封面，以及做出更有利于传播的直播策划；其二，负责主播直播期间的造型维护与整理；其三，负责主播行程安排，提醒直播排版时间；其四，主播直播期间的协助工作——负责维护主播和用户的关系。

助理必须要和主播保持紧密和良好的沟通，有时主播只需一个眼神和动作，助理就能懂得如何反应。同样助理也需要懂货品，直播营销最终落脚点就在货品，货品是营销的核心。助理需要了解所处行业的基本知识及每一场直播所涉商品的信息，例如一件衣服款式适合哪类用户，是否适合主播，在直播间该如何搭配才最为合适。

助理要有从平台上获取流量的能力，流量分为“自然流量”和“商业流量”，获取流量的本质是了解算法和运营技巧。助理需要研究如何提高直播间权重等来获取自然流量，也要深度了解淘系的玩法和雷区，以得到更有效和优质的商业流量。

任务评价

1. 学生自评（见表 3-12）

表 3-12　主播助理学生自评表

班级		学号		姓名	
角色	○ 组长　　○ 组员		完成时间		

续表

任务	完成情况记录
理论学习情况	
技能训练情况	
任务完成情况	
任务创新情况	
完成任务后的收获	

2. 学生互评（见表 3-13）

表 3-13 主播助理学生互评表

班级		被评人学号		被评人姓名	
评价者角色		评价者学号		评价者姓名	
任务		完成情况记录			
理论学习情况					
技能训练情况					
任务完成情况					
任务创新情况					
完成任务后的收获					

3. 教师评价（见表 3-14）

表 3-14 主播助理教师评价表

班级		被评人学号		被评人姓名	
任务		完成情况记录			
理论学习情况					
技能训练情况					
任务完成情况					
任务创新情况					
完成任务后的收获					

拓展练习

与任务二的拓展练习共同完成。

实训目的:
在实际训练中灵活运用本节所讲的打造主播人设的步骤流程以及方法和技巧。

实训内容:
以小组为单位，团队分工，自行设计一场直播，模拟主播与主播助理合作进行直播。

实训要求:
根据每组所选的系列商品，依照本节所学的打造主播人设的方法与技巧，要求直播过程中步骤齐全，流程完整，安排合理，彰显主播个性及特点，注意直播中的话术运用合理。

实训评价:

每组现场展示节日商品营销活动后，其他组同学进行投票，模拟直播间观众购买该商品，从而评选出最佳直播营销组。

通过该实训活动，加深学生对本节所学打造主播人设的了解，在实际运用中灵活掌握所学重点。

项目四

直播营销的话术、要点与方法

主播能够利用出色的话术设计来发现用户的核心需求，并迅速吸引用户的注意力，消除用户的顾虑，激发购买欲望并刺激用户购买。因此，直播营销话术是影响直播营销效果的重要因素之一。

本项目介绍直播营销中的话术设计、不同类别商品在直播时的讲解要点和帮助直播间商品快速销售的方法，从而起到辅助商品销售的目的。

任务一 直播营销话术设计

任务描述

对于主播来说，话术水平直接影响直播时销售商品的效果。直播营销话术是商品特性、功效和材料的口语表达，是主播吸引和留住用户的关键，也是促成交易的关键。因此，在直播营销中，熟练设计直播营销话术非常重要。

学习目标

（1）了解直播营销话术设计的主要类型；
（2）熟悉营销话术在实际直播中的运用；
（3）掌握各类型直播营销话术的特点及作用；
（4）掌握直播营销话术设计要点、原则和常用话术。

任务分配

本任务为分组任务：每组若干组员，在组长带领下，根据不同内容的直播营销话术设计任务进行任务分工，共同完成对某一商品的直播营销（见表4-1）。

表4-1 对某一商品的直播营销任务分配表

班级		组号		组名	
角色	姓名	学号	任务分工		
组长					
组员					

任务准备

引导问题1： 直播营销话术设计有哪些原则？
引导问题2： 直播营销一般话术设计有哪些类型？
引导问题3： 直播营销在不同应用场景下有哪些话术技巧？

任务实施

一、直播营销话术设计原则

直播时主播主要通过语言与用户进行交流。语言是主播思想的集中表现，可以从侧面反映主播的个人修养和气质。

直播营销话术有 3 个原则，如图 4-1 所示。

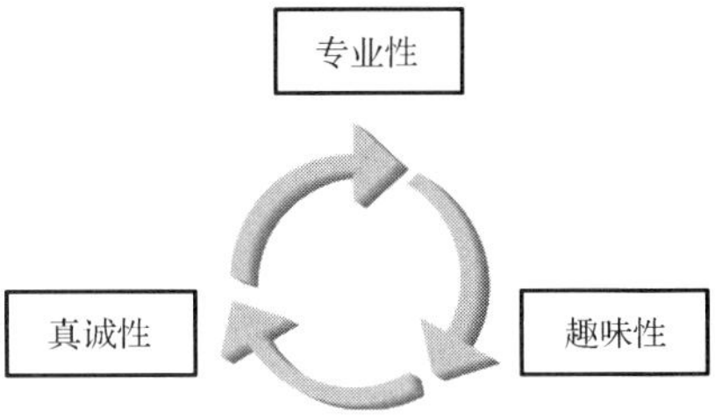

图 4-1 直播营销话术设计原则

1. 专业性

直播营销话术设计的专业性体现在两方面。一方面，主播要具有商品意识，主播对商品的了解越全面、越深入，介绍商品就越自在、越专业，可以赢得用户更多的信任；另一方面，主播具有成熟的语言表达能力更容易赢得用户的认可，因为成熟的语言表达方式更具有吸引力。

例如，对于美容行业的主播来说，必须非常熟悉护肤商品的成分、护肤知识、化妆技巧、化妆搭配等专业知识，这是主播现场直播的核心能力，需要持续不断地学习，提高专业素质，拥有专业知识，并获得现场直播的经验，从而赢得用户的信任。

2. 真诚性

在直播期间，主播不必总是想办法取悦用户，可以站在用户的角度，与用户真诚地沟通和互动。

例如，对于饰品行业的直播来说，主播可以站在朋友的角度，将饰品的用材用料、是否褪色、敏感肌肤是否可以佩戴等，都详细地介绍给用户。真诚是无价的，真诚的态度和措辞可以使用户产生共鸣，增加主播和用户之间的亲密关系，缩短心理距离，提高用户的黏性和忠诚度。

3. 趣味性

直播很有趣，这意味着主播的直播语言具有幽默感，不会使用户觉得直播内容无聊。幽默可以展现主播的开朗、自信和智慧。有趣的词语更容易缩短主播与用户之间的距离，增加用户的参与度。同时，幽默的语言也可以调节直播间的气氛，有助于主播和用户之间建立友好的关系。

例如，在直播期间多回答用户的留言，找到共同话题、共同语言，缓和直播紧张的状态，以幽默的方式直播。不过，主播的幽默感要适度，不应给用户带来轻浮或不可靠的印象，需要注意内容，不能淡化主题。主播可以通过学习主持人在脱口秀和娱乐节目中的幽默讲话方式来提升自己的说话技巧。

二、直播营销一般话术设计

在设计话术时，可使用有效的心理策略，分析直播商品所针对的个人或群体的心理特征。话术设计取决于用户的期望、需求和动机。直播营销并不是单独存在的，它与主播的表情、肢体语言、现场测试和道具的使用密切相关。因此在设计直播营销策略时，需要明确以下 4 个要点。

1. 话术口语化，更有感染力

高成交率直播话术设计的重点是，主播在介绍商品时使用口语化的表达方式、丰富的肢体语言和面部表情，吸引用户并将其引入描绘的场景中。

例如，主播要介绍一个垃圾袋，根据文本中的说明进行认真而严肃的介绍：“该垃圾袋的材料是聚乙烯，具有优异的耐酸、耐碱、耐冲击性、耐低温性，安全无异味，做过加厚处理、抗撕裂和刺穿。”这可能会导致用户快速略过该商品。

但是，口语化的话术表达可能会产生完全不同的效果。例如：“不知道大家有没有遇到过类似的情况：倒垃圾时垃圾袋经常会漏出一些带腥味的液体，味道很难闻，有时候不得不套两个垃圾袋；在超市里买的垃圾袋明明写着是加厚的，买回来一看还是很薄。如果你遇到这种情况，那一定要买这款垃圾袋。我特别喜欢它的款式，带着一个抽拉绳，能够非常牢固地套在垃圾桶上；它能承重 10 千克，日常装垃圾完全没有问题，非常方便耐用，直接买就对了！”这种简单易懂的讲解与现场演示相结合，可以直接解决用户有关垃圾袋的烦恼，令人感到新鲜、亲切，更容易产生购买欲。

2. 话术运用要灵活，表达要适度

许多新手主播经常使用话术模板或框架，但话术运用不是一成不变的，需要不断学习和应用。当看到用户提出的问题时，在回应之前，要仔细考虑。对于赞美，主播可以给出积极的反应；对于有益的建议，主播可以根据需要采纳；对于正面批评，主播可以用幽默来化解矛盾或承认错误。如果发生恶意攻击，主播则可以忽略或直接拉黑。

如果主播经常夸大其词、词不达意或不分对象，就会引起用户的反感。因此，话术设计要文明，避免有争议的词语和敏感性的话题，并且所表达的信息要可以直接到达用户的内心，营造出和谐的直播间氛围。

3. 话术中添加情绪表达

当新手主播遇到忘词的情况时，可以参考话术脚本，此时要注意配合情绪、情感的表达，面部表情要丰富，情感要真诚，加上丰富的肢体语言、道具的使用等。直播就像一场表演，主播就是主演，演绎到位才能吸引并感动用户。

使用话术时，主播不能表现得过于怯懦或强势。失去主导位置会变得非常被动，容易被牵着走；而如果主播过于强势，自说自话，根本不关心用户的想法或喜好，则不利于聚集粉丝和增加流量。

4. 描述商品语速、语调适中

在直播时，主播的语调要有变化，语速要确保用户能够听清讲话内容。主播可以根据直播内容的不同灵活掌握语速。想促成用户下单，语速可以适当快一些，控制在 150 字/分钟左右；要讲专业性的内容，语速可以稍微慢一些，控制在 130 字/分钟左右；讲到要点时，可以刻意放慢语速或停顿，以提醒用户注意倾听。

三、直播营销话术要点设计

按照直播营销的一般流程，直播营销常用话术示例见表 4-2。

表 4-2　直播营销常用话术示例

话术应用场景	话术技巧	示例
直播预告	说明直播主题、直播时间、直播中的优惠点	明天下午 8 点，母亲节来了！一定要锁定××直播间，福利已经为你们准备好了！转发并关注直播间，抽出 100 位幸运儿平分一万元现金红包哦

续表

话术应用场景	话 术 技 巧	示　　例
开播欢迎	介绍直播商品情况，介绍优惠或折扣力度	嗨，大家好，我是××，欢迎大家来到××直播间，今天是“618”，年中大促销，我为大家带来×款超值商品，今天直播间的朋友可以享受超低直播价哦
	制造直播稀缺感	嗨，大家好！欢迎来到直播间，今天晚上的直播有超多的惊喜等着你，超高品质的商品都是超低价“秒杀”，机会难得，大家一定不要错过哦
	引导用户互动留言，激发用户的参与感	感谢大家百忙中来看我的直播，大家今天晚上有没有特别想实现的愿望啊?大家可以在评论区分享哦，万一我一不小心就帮你实现了呢
开播暖场	设置抽奖活动，引导用户参与互动	话不多说，正式开播前先来一波抽奖，今天是××节，在评论区输入口号“××”，我会随机截屏 5 次，每屏的第一位朋友将获得 80 元现金红包
引导关注	强调福利，引导关注	刚进直播间的朋友们，记得点左上角按钮关注直播间哦！我们的直播间会不定期发布各种福利
	强调签到领福利	喜欢××直播间的朋友，记得关注一下直播间哦，连续签到 7 天可以获得一张 20 元的优惠券
	强调直播内容价值	想继续了解服装搭配技巧/美妆技巧的朋友们，可以关注一下主播哦
邀请用户进群	设置福利，体现服务内容的价值	今晚我们为观看直播的朋友们专门建立了一个免费的美妆交流群，欢迎加入，我会不定期在群里为大家分享一些护肤方面的专业知识和化妆技巧
活跃直播间氛围	强调优惠	这款翡翠手镯市场价格是 16800 元，今晚直播间的朋友们下单只需 7999 元就能买到，可以送给妈妈、送给爱人，真的特别值
	强调价值	21 天绝对让你的 PPT 水平上一个新台阶
	使用修辞手法	啊！好闪，钻石般闪耀的嘴唇
转场引起下文	提问互动，引出下文	看了刚才的 PPT 演示，不知道大家以前是怎么做的呢，欢迎在评论区里留言哦
	说明商品特色，引出下文	下面我教大家如何在 15 秒内画好眼线，有人会说这怎么可能呢？告诉大家，这是可能的，因为我有这款非常好用的眼线笔
激发用户对商品的兴趣	提高商品的价值感	我给大家争取到了最优惠的价格，现在买到就是赚到
	打破传统认知	买这个颜色的口红，是你驾驭口红的颜色，而不是口红的颜色驾驭你
	构建商品的使用场景	穿着白纱裙在海边漫步，享受温柔海风的吹拂，空气里仿佛充满了夏日阳光的味道
	强调商品的细节、优点	这款便携式榨汁机是我用过的榨汁机中最好的一款，它的外观设计和安全设计非常好！今天我为大家争取到了 7 折的优惠价，买了它绝对超值
引导用户下单	强调售后服务	我们直播间的商品都支持 7 天无理由退货，购买后如果对商品不满意是可以退货的，请大家放心购买
	与原价对比	这款商品原价是 x 元，为了回馈大家的厚爱，现在只要 y 元，喜欢这款商品的朋友请不要再犹豫了，错过今天只能按原价购买了
	限时、限量、限购，制造紧张感	最后 50 件，大家抓紧时间下单吧！ 库存还剩 40 件、26 件…… 今天的优惠力度是空前的，这款商品今天商家只给了 x 件，今后再也不会按这个价格卖了！ 福利价购买的名额仅有 x 个，先到先得！目前还剩 y 个名额，赶快单击左下角的“购物袋”按钮抢购哦

续表

话术应用场景	话术技巧	示例
引导用户下单	改变用户心理账户，强调价格优惠	这个真的很划算，3 包方便面的钱就能买到； 这款液体眼线笔真的值得买，一支能用一年，算下来一天不到 3 毛钱
	引导查看商品链接	大家如果想要了解更多的优惠信息，一定要单击“关注”按钮关注主播，或者直接单击商品链接查看商品详情
	引导加入购物车	如果大家还没有想清楚要不要下单，什么时候下单，完全可以先将商品加入购物车，或者先提交订单抢占优惠名额
下播	表达感谢，引导关注	谢谢大家，希望大家都在我的直播间买到了称心的商品，单击“关注”按钮，明天我们继续哦
	引导转发，表达感谢	请大家单击一下右下角的“转发”链接，和好朋友分享我们的直播间，谢谢
	强调直播间的价值观	我们的直播间给大家选择的都是性价比超高的商品，直播间里的所有商品都是经过我们团队严格筛选，经过主播亲身试用的，请大家放心购买。好了，今天的直播就到这里了，明天再见
	商品预告	大家还有什么想要的商品，可以在交流群里留言，我们会非常认真地为大家选品，下次直播推荐给大家
	预告直播利益点	好了，还有 x 分钟就要下播了，最后再和大家说一下，下次直播有你们最想要的××，优惠力度非常大，大家一定记得来哦

任务评价

1. 学生自评（见表 4-3）

表 4-3　直播营销话术设计学生自评表

班级		学号		姓名	
角色	○ 组长　　○ 组员		完成时间		
任务	完成情况记录				
直播营销话术设计原则					
直播营销一般话术设计					
直播营销话术要点设计					
完成任务后的收获					

2. 学生互评（见表 4-4）

表 4-4　直播营销话术设计学生互评表

班级		被评人学号		被评人姓名	
评价者角色		评价者学号		评价者姓名	
任务	完成情况记录				
直播营销话术设计原则					
直播营销一般话术设计					
直播营销话术要点设计					
完成任务后的收获					

3. 教师评价（见表 4-5）

表 4-5　直播营销话术设计教师评价表

班级		被评人学号		被评人姓名	
任务	完成情况记录				
直播营销话术设计原则					
直播营销一般话术设计					
直播营销话术要点设计					
完成任务后的收获					

拓展练习

实训目的：

在实际训练中灵活运用本节所讲的提升直播间氛围的步骤流程、方法和技巧。

实训内容：

以小组为单位，任选主打商品，完成某一专题类节日商品营销活动。

实训要求：

根据每组所选的直播主题，结合本节所讲的直播营销话术设计原则、直播营销一般话术设计及直播营销话术要点设计，完成某一专题类节日商品营销活动（跨境平台上通常会做营销活动的节日有情人节、母亲节、儿童杰、万圣节、圣诞节），要求直播过程中步骤齐全、流程完整、安排合理，注意直播中的话术运用合理。

实训评价：

每组现场展示节日商品营销活动后，其他组同学进行举手投票模拟直播间观众购买该商品，从而评选出最佳直播营销组。

通过该实训活动，加深学生对本节所学直播营销话术的了解，在实际运用中灵活掌握所学重点。

任务二　不同类别商品在直播时的讲解要点

任务描述

直播营销的终极目标是把商品销售出去，在直播时主播要对商品进行全面介绍，展示商品的完整形象。在介绍商品时，一是对商品进行全方位的展示；二是对商品的描述要准确，如商品功能、材质、规格等。不同类别的商品特性不同，主播需要有针对性地讲解。

不是所有商品都适合以直播的形式展现的，主播在选择直播商品时，应考虑商品本身的特点，进行分析，如快消品。快消品拥有广泛的消费群体，其用户基本以便利、快速购物为目标，这样的商品适合直播。如今的消费者越来越多地关注“过程”——关心食材的种植过程、关心工艺品的制作过程、关心食物的烹饪过程，直播的形式可以让消费者更好地了解过程。

学习目标

（1）了解直播间商品讲解要点；
（2）掌握直播间商品“四步营销法”。

任务分配

根据对商品特色与卖点的把握，每两位同学自行协商分工，配合完成某一类别商品的营销，不同类别商品在直播时的讲解要点任务分配见表 4-6。

表 4-6　不同类别商品在直播时的讲解要点任务分配表

班级		商品类别	
组员	姓名	学号	任务分工

任务准备

引导问题 1： 不同类别的商品在直播时有哪些营销的共同点与不同点？

引导问题 2： 商品一共有几种类别？分别是什么？这些商品在直播营销时需要注意什么？

任务实施

一、美妆类商品讲解要点

在直播间推荐美妆类商品时，主播要着重介绍商品的质地、价格、容量、使用方法、试用感受等。在展示效果、质地、颜色时，主播可以先在手臂或脸上试用，直观地向用户展示商品的使用效果，如图 4-2、图 4-3 所示。

图 4-2　推荐护肤品直播

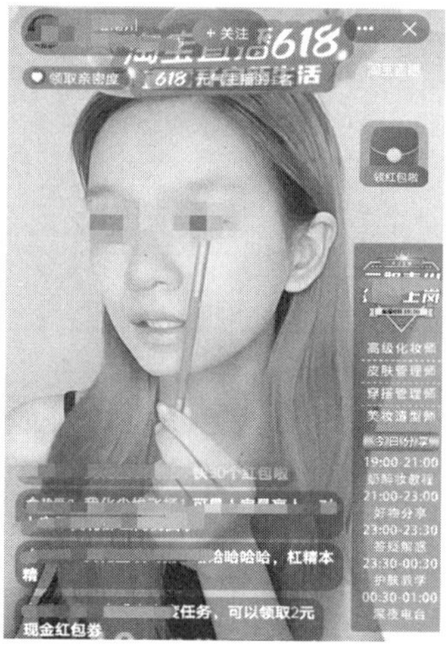

图 4-3　推荐眉笔直播

常见美妆类商品的介绍要点见表 4-7。

表 4-7 常见美妆类商品的介绍要点

商品类别	要点介绍
底妆类	色号、适合的肤质、持久度、滋润度、遮瑕度等
唇妆类	色号、持久度、滋润度，是否容易沾杯，适合搭配何种腮红、眼妆等
修容类	质地（粉状还是膏状）、颜色（如偏红、偏灰）、是否卡粉、是否容易晕染等，并向用户演示使用该商品修容的方法，展示使用商品前后的对比效果
遮瑕类	适合的肤质、遮瑕度、滋润度等
眼妆类	眼线：颜色、持久度、防水性、使用寿命、使用是否顺滑等
	眼影：质地、显色度、延展度、细腻度、持久性、是否卡粉等
	眉笔：颜色、成分、质地、持久度、防水性等
	睫毛膏：持久度、刷头形状、功效（让睫毛显得浓密、卷翘等）、刷完是否会出现"苍蝇腿"等
化妆工具类	商品的用途、材质、使用方法、使用感受等，并向用户展示使用方法
卸妆类	质地是否柔和、卸妆效果（可以将彩妆画在手臂上，现场卸妆）、适用的场合（如卸妆湿巾适合出差乘车、乘飞机等场合使用）
洁面类	商品成分、适合的肤质、使用方法、起泡情况、清洁强度、适合早晨洁面使用还是晚间洁面使用、是否具备卸妆效果、洗完脸后是否有紧绷感等
面膜类	功效、成分、使用方法（尤其是比较新奇的面膜，要向用户演示其使用方法）、精华液含量等
美容工具类	功效、使用方法、使用效果、商品安全保证、商品质量认证等

【任务实训】

两人一组合作完成某一美妆商品的直播讲解要点介绍（见表 4-8）。

表 4-8 某一美妆商品的直播讲解要点介绍任务分配表

班级			要点介绍
组员	姓名	学号	任务分工

二、服装类商品讲解要点

在介绍服装类商品时，为了增加讲解的吸引力，主播可以使用以下方法，如图 4-4、图 4-5 所示。

1. 亲自上身试穿

主播可以亲自试穿服装，向用户展示服装的试穿效果，前后左右都要展示清楚。主播展示试穿效果时要注意走位，用远景向用户展示服装的整体效果，用近景向用户展示服装的设计细节和亮点等。

图 4-4　推荐短袖直播

图 4-5　推荐外套直播

2. 介绍服装的风格

服装的风格有很多种，如女装的学院风、名媛风、淑女风等，主播在介绍商品时，要向用户明确所推荐的服装属于哪种风格。

3. 介绍服装的尺码与款式

主播要向用户介绍服装的尺码。上衣需要介绍腰围、胸围、袖长及适合的人群，裤子需要介绍腰围、臀围和裤长。主播还要介绍服装的版型。例如，宽松型服装显得人比较瘦；修身型服装显得人比较精神；长款服装修饰线条等。

4. 介绍服装的颜色

主播在介绍服装的整体颜色时，需要说清楚这种颜色能够给人带来什么样的感觉。例如，白色显得典雅，粉色显得可爱，黑色显得沉稳等。

5. 介绍服装的面料

服装的面料有纯棉、聚酯纤维、羊羔绒等类型，要先说明服装的面料类型，然后介绍该面料的优点。例如，纯棉面料透气、吸汗性强；聚酯纤维面料造型挺括、不易变形；羊羔绒面料保暖效果好、悬垂性好。主播在介绍面料时，要多用近景镜头向用户展示面料的纹理和柔软度等。

6. 介绍服装的设计亮点

主播要介绍服装在款式、图案、工艺等方面的设计亮点，突出其独特性。例如，介绍服装制作工艺的精致度，展示服装领口、袖口等位置的设计细节。

7. 介绍服装的穿着搭配

展示服装的穿着场景或搭配方式是服装商品介绍中非常重要的一个环节，“一衣多穿”是体现服装高性价比的关键。主播在介绍服装搭配时，不能只单纯地说它可以与其他某种款式的衣服搭配，最好将整套的服装搭配展现在镜头前，甚至可以展示与整套服装搭配的鞋子、眼镜、帽子等其他配饰。

8. 介绍服装报价，说明库存

对于价格较高的服装类商品，主播可以突出介绍高价格服装给用户带来的非凡体验，以及商品的独特之处，如纯手工制作、面料质量好等；而对于价格较低的服装类商品来说，主播可以突出介绍低价所带来的高性价比。在说明库存时，主播可以强调库存的有限性，营造商品的稀缺感，以刺激用户下单。

【任务实训】

两人一组合作完成某一服装商品的直播讲解要点介绍（见表4-9）。

表4-9　某一服装商品的直播讲解要点介绍任务分配表

班级			要点介绍
组员	姓名	学号	任务分工

三、食品类商品讲解要点

主播在直播间推荐美食类商品时，需要介绍商品的产地、主料、辅料、营养价值、味道、规格、价格、包装等，还要围绕商品的加工制作方法、储存方法、食用方法等方面设计营销话术，如图4-6、图4-7所示。

图4-6　推荐糕点直播

图4-7　推荐烧饼直播

食物类商品的讲解可以围绕以下几个方面展开。

1. 安全性

食品类商品的安全性是指食品无毒、无害，符合营养要求。安全是食品消费的基本要求，主播可以围绕商品的原材料选取、清洗、切割、烹饪、制作、包装、储存、运输等一系列流程来介绍食品的安全性，以赢得用户的信任。例如，食品选材绿色健康，添加剂无毒无害，制作工序精良，通过了一系列食品安全认证等。

2. 口感口味

不同地方都有其特色的美食，人们的口味需求也存在差异。主播在销售一些特色美食（如北京烤鸭、天津麻花、广西柳州螺蛳粉等）时，要找准受众群体，投其所好，强调商品特色，以及与同类商品的差异，以赢得用户的好感。主播也可以从烹饪手法、秘制酱料或口感口味等方面出发来描述商品。

美食讲究美感，主播一定要用语言表达出其美感，围绕食物的色、香、味、形进行描述，突出美食的优势，最好配上图片、视频或实物，这样对用户才更有诱惑力。

3. 营养价值

主播在介绍食品类商品时，可以根据大众对此类型商品的需求，强调商品在某一方面的营养，食用后对人体的好处等。例如，坚果类食品有着丰富的营养，含蛋白质、维生素、微量元素和膳食纤维等，具有维持营养均衡、增强体质等功效。

【任务实训】

两人一组合作完成某一食品类商品的直播讲解要点介绍（见表 4-10）。

表 4-10　某一食品类商品的直播讲解要点介绍任务分配表

班级			要点介绍
组员	姓名	学号	任务分工

四、电子设备类商品讲解要点

电子设备类商品主要是指计算机类、通信类和消费类电子商品。对于此类商品，主播要以开箱为主，从检测、剖析、展示商品的生产工艺、性能、功能、技术指标等方面进行介绍，重点突出推荐商品与其他商品的差异和推荐商品的优势。

对于用户来说，挑选电子设备时最看重的是体验和性能，包括与现在使用的电子设备有何不同，这款电子设备能带来什么特殊的体验与功能等。

主播在直播时，应该着重挖掘用户的痛点与需求。在介绍 5G 手机时，要重点介绍高速率、低时延、大连接等特点。只有抓住核心需求进行宣传推广，才能收到良好的直播营销效果，如图 4-8 所示。

下面按照直播的一般流程，以手机为例来阐述电子设备类商品的讲解要点。

（1）介绍商品的外观、颜色及不同的版本。

（2）开箱检测，展示未开封、带有薄膜的状态及所有配件等。

（3）从包装、附件、说明书等展开，讲解商品的功能，如手机的快充功能等。

（4）介绍外观设计，如屏幕大小、分辨率、像素、防水设计等，对比市场上的其他手机，将这些设计直观地展示给用户。

（5）新商品一般会具有特色功能或亮点，主播可以对其进行分析。

（6）具体介绍硬件支持，如机身系统、处理器、内存大小等，同时要用不同手机进行对比。

（7）介绍续航、快充、电池容量，具体到多少分钟充电多少，以及完全充满电所需时间等。

（8）介绍系统体验，如流畅度、滑动体验等。

（9）综合分析，根据以上试用情况对性价比等进行客观分析。

图 4-8 推荐手机直播

【任务实训】

两人一组合作完成某一电子设备类商品的直播讲解要点介绍（见表 4-11）。

表 4-11 某一电子设备类商品的直播讲解要点介绍任务分配表

班级			要点介绍
组员	姓名	学号	任务分工

五、图书类商品讲解要点

图书作为一种传统媒介，其精神产品属性集中体现在内容方面，而物质产品属性则主要体现在载体方面。因此，主播在直播间推荐图书类商品时，需要围绕这两个属性来讲解，如果作者知名度高，则要重点介绍作者。

1. 作者简介

作者的个人经历、性格特征、写作风格、思想观点等，都与图书内容有着直接或间接的联系，作者的影响力也是直播间推广图书的有利因素之一。

2. 图书内容

无论是文学作品、学术著作、教材还是其他图书，总是能够体现作者的思想、观点或写作技巧。主播要提前分辨图书类型，提炼出图书内容中的灵魂与精华部分，并用语言传递给用户，如图 4-9、图 4-10 所示。

图 4-9　推荐历史书直播

图 4-10　推荐儿童书直播

3. 内容载体

虽然用户购买图书主要是消费其精神内容，但是精神内容在形式上还是靠物质属性来体现的。因此，图书的整体设计，如排版、纸张、图文、配套资源等要能满足用户的使用需求，包括便利性需求、情感性需求和收藏性需求等。

内容载体的介绍要点如下。

（1）纸张的类型、质量。

（2）内容的表现形式，如纯文字或图文结合等。

（3）同步电子书，有声音、图像的表现形式。

（4）封面设计，封面的艺术风格与图书内容相匹配。

（5）图书内文的装帧设计主要包括版式设计、字体设计等，能给读者带来美的享受。

此外，主播可以针对不同的目标用户进行特定的目标推荐，如图 4-9、图 4-10 所示。例如，主播推荐 4 本中国经典名著，可以根据不同用户定位介绍关键点。例如，为幼儿读者家长介绍带有卡通插图易于理解的版本，为学龄儿童读者家长介绍音频版本；为老年人读者介绍大字体版本等。

【任务实训】

两人一组合作完成某一图书类商品的直播讲解要点介绍（见表 4-12）。

表 4-12　某一图书类商品的直播讲解要点介绍任务分配表

班级			要点介绍
组员	姓名	学号	任务分工

任务评价

1. 学生自评（见表 4-13）

表 4-13　不同类别商品在直播时的讲解要点学生自评表

班级		学号		姓名	
任务分解		完成情况记录			
美妆类商品讲解要点					
服装类商品讲解要点					
食品类商品讲解要点					
电子设备类商品讲解要点					
图书类商品讲解要点					
完成任务后的收获					

2. 学生互评（见表 4-14）

表 4-14　不同类别商品在直播时的讲解要点学生互评表

班级		被评人学号		被评人姓名	
评价者角色		评价者学号		评价者姓名	
任务分解		完成情况记录			
美妆类商品讲解要点					
服装类商品讲解要点					
食品类商品讲解要点					
电子设备类商品讲解要点					
图书类商品讲解要点					
完成任务后的收获					

3. 教师评价（见表 4-15）

表 4-15　不同类别商品在直播室的讲解要点教师评价表

班级		被评人学号		被评人姓名	
任务分解		完成情况记录			
美妆类商品讲解要点					
服装类商品讲解要点					
食品类商品讲解要点					
电子设备类商品讲解要点					
图书类商品讲解要点					
完成任务后的收获					

拓展练习

实训目的：

在实际训练中灵活运用本节所讲的不同类别商品在直播时的讲解要点知识。

实训内容：

每组自选一类商品，组员共同讨论，挖掘该商品的3～5个卖点，完成该商品视频拍摄所需的脚本后，利用手机拍摄完成该商品的营销视频，视频时长控制在2分钟之内。

实训要求：

根据每组所选的商品类型自行选择商品。要求拍摄视频过程中设备齐全，流程完整，依照本节所学的讲解要点与技巧，合理布置，凸显卖点。注意重点突出，凸显商品本身特性，通俗易懂。

实训评价：

每组现场展示汇报后，其他组同学举手投票选择最有意向购买的商品，从而评选出最佳营销组。

通过该实训活动，加深学生对本节所学直播商品讲解要点的了解，在实际运用中灵活掌握所学重点。

任务三 帮助直播间商品快速销售的方法

任务描述

直播营销和传统营销的目的都是让商品更快、更多地销售给消费者。对于直播营销来说，好的营销方法至关重要，因为消费者只能通过图文形式来了解商品。优秀的主播有自成一套的商品快速销售方法，通过需求引导，提前规划好商品的使用场景引出商品，赢得消费者的信任，最终达成销售商品的目的。

学习目标

（1）掌握如何引导用户的需求；

（2）完成对所销售商品的引入；

（3）了解如何在直播交流过程中获得用户信任；

（4）通过前3个步骤来更好地促成用户下单。

任务分配

本任务为分组任务：每组若干组员，在组长带领下，根据教材中的内容，归纳总结直播间快速销售商品的方法，并进行任务分工（见表4-16），共同完成对某一商品的快速销售。

表 4-16　对某一商品的快速销售任务分配表

班级		组号		组名	
角色	姓名	学号	任务分工		
组长					
组员					

任务准备

引导问题 1： 直播间商品营销有几个步骤？其中哪个步骤最重要？

引导问题 2： 如何引导用户的需求？

引导问题 3： 如何进行商品的引入？商品介绍时需要注意哪些问题？

引导问题 4： 如何取得用户的信任？

引导问题 5： 最后让用户决定下单的关键点是什么？

任务实施

商品讲解技巧是关乎直播间营销效果的重要因素。主播可以通过需求引导、商品引入、赢得信任、促成下单 4 步完成直播间的商品营销。下面以某主播的直播话术为例进行分析，见表 4-17。

表 4-17　某主播的直播话术

快速销售方法	话　　术
需求引导	有没有那种脸一遇热水就泛红，一用大牌养肤性特别强的精华面霜，皮肤就红肿的女生？有没有爱长痘痘的女生？有没有长了痘痘，有粉色痘印，脸部红血丝很严重的女生？
商品引入	我给你们推荐一款自用的修红精化液，只要你的肌肤"闹情绪"，这一瓶就可以稳住你"闹情绪"的肌肤
赢得信任	它贵，但是它真得好用。为什么？××是某集团下面专门做芳疗的护肤品牌，它家的这款精华就是帮你镇定、修复和维稳，让你的皮肤不过敏，让你肌肤的"小情绪"都舒缓下来。我就一句话，相信我！有经济条件的，买它！你把你的肌肤状况调整好之后，再去用大牌化妆品，大牌化妆品才会被吸收；调整不好，你用再多的大牌化妆品皮肤都不吸收的
促成下单	今天给大家做的是限量包装组合，精华大瓶 50mL，还附赠它家亮灯化妆镜，还会送 4mL 它家最有名的橙花露，还有 5mL 的舒缓面霜，然后直播间再加赠 5mL 的舒缓精华，再加两个 50mL 的洗面奶。这么多到手，只要 680 元，我只有 1600 套。3、2、1，上链接，来咯

在这场活动中，单价 680 元的××精华在 3 分钟内卖出 1600 套，创造销售额 108.80 万元。这段直播话术首先通过场景描述进行需求引导，引起用户的注意，然后很自然地引入商品，再通过品牌权威、自用推荐赢得用户的信任，最后通过价格优势、限量赠送活动促成用户下单。由此可见，主播运用以上销售方法很好地完成了直播间的商品营销，达到了预期效果。

一、需求引导

需求引导主要是挖掘用户需求，为引出商品做准备。主播要围绕商品的特点，找出用户购买该商品之后能解决的核心问题，然后以亲身经历为例，叙述用户可能遇到的问题，拉近主播与用户的距离。

需求引导的关键点可以分为两类：一类是“赢点”，就是用户在拥有商品后会获得什么，如皮肤滋润紧致、穿衣彰显气质、身体更健康等；另一类是“痛点”，即用户迫切需要解决的事情，如化妆也遮盖不住脸上的痘痕，无法消除熬夜留下的黑眼圈等。这些痛点如果持续下去会愈演愈烈，这时推荐一款商品，可以把痛点解决，就解决了用户的燃眉之急。

例如，主播推荐某款祛痘霜时，可以这样说：“不知道女生们有没有遇到过这样的困扰，去约会时，不经意间让对方发现我们脸上虽然涂了厚厚一层粉底，但还是遮不住脸上的痘坑、痘印，最后尴尬至极。其实缓解这种尴尬很简单……”。这样既可以使用户有情景想象空间，又可以引导用户需求，从而成功推荐商品。

二、商品引入

通过需求引导，提前规划好商品的使用场景，接下来就可以引入商品，围绕商品的卖点、使用感受等进行描述，让用户通过各个感官感受商品的特点，从而让用户内心感觉“有需要、用得上、值得买”，激发用户的购买欲望。

在这个环节中，主播需要注意以下两点。

1. 卖体验，而非卖功能

主播如果重点介绍商品的功能，激发的是用户的理性思维，用户就会用各种逻辑思维方式做出购买决策，思考时间更长。而体验营销更多的是激发用户的感性思维，刺激用户冲动消费。因此，主播在介绍商品时要更多地描绘商品的使用场景，把使用体验说出来。

下面以一款烤箱的营销话术为例来进行对比，见表 4-18。

表 4-18 营销话术对比

营销话术	话术举例
卖功能	这款烤箱采用镀铝板内胆，运用新一代材质，还配有防爆照明灯，安全又明亮；下管控温，有 3 种加热模式，更先进，控温更精准；可以烤肉类、鱼类、蔬菜类、蛋糕类等食品
卖体验	这款烤箱是专门为三口之家研发的，方便主人做早餐，可以同时烤 3 个面包、6 个蛋挞，满足全家人的营养需求；周末还可以在家做下午茶，烤一个全家人爱吃的美味比萨，外加鸡翅、肉串、鱼虾，刚烤出来的时候特别香。全家人可以在一起享受幸福时光

显而易见，后者给用户带来更多的想象空间，促使用户为了获得想象中的美好生活而下单。

2. 货比货，坚定购买信心

货比货就是用竞品的弱点凸显自身商品的优势，同时呈现使用商品的幸福体验，增加商品在用户心中的好感度，坚定用户的购买信心。例如，主播在销售某款牛排时，普通的话术是这样的："源自澳大利亚，老少皆宜，原切无拼装，肉质细腻，鲜嫩多汁，肥瘦适中，脂肪均匀，快速物流，锁住新鲜。"

如果使用货比货营销话术，可以这样说："什么牛排适合在健身时吃呢？和牛？M9？不！脂肪含量太高！牛排分草饲和谷饲，在我看来草饲更适合健身，因为脂肪含量低，肌红蛋白含量高（自身商品的优势）。这一款是阿根廷家庭装草饲牛排，里面有西冷、肉眼还有菲力，通通适合健身人士吃。一个人吃，换着口味吃，每天吃不一样的，多好啊。"

三、赢得信任

赢得信任也是直播营销的关键，赢得信任的方式主要有 3 种。

1．权威背书

背书是指通过第三方人物或机构的知名度、美誉度或权威性做出的一种赞誉、支持。由于权威人物或机构本身就具有一层"光环"，能得到大多数人的认可和信任，其本身就是说服力的象征。如果权威人物或机构来为商品背书，则将增加商品在用户心中的好感度。主播可以从多方面介绍权威内容，如权威投资人、名人同款、高科技行业应用、专家推荐、权威媒体报道等。

但是，主播在介绍商品的权威背书内容时，不能影响用户对商品信息的普遍理解。例如，主播在推荐某品牌时装时，一般会这样说："这个品牌获得了××设计大赛的金奖。"但由于普通用户根本不了解什么是××设计比赛，所以并不能对该商品的特色有更多了解。因此，主播要使用用户普遍可以理解的话来介绍商品的权威背书内容。例如，主播可以这样说："公司的高管层，如财务总监、销售总监都在穿的品牌。"

2．数据证明

主播可以用具体的销量、顾客评分、好评率、回购率等数据来证明商品的优质及受欢迎程度。例如，在销售厨房餐具时，一般会这样说："这款餐具是'爆款'，卖得非常好，大家一定要买！"空口无凭，没有数据支撑，说服力不大。当加入数据之后，话术是这样的："就我手边这款餐具，已经累计销售 20 万套了，满分 5 分，顾客评分 4.9 分，好评如潮，用过的人都知道……"如此一来，更具有说服力。

3．现场体验

能够试用的商品一定要在直播间现场试用，并且分享使用体验与效果，验证商品的功能和特色，这样对用户更有说服力。例如，某主播在推荐商品时经常会讲述自己或周围人的使用经历，还会在直播间展示自己的淘宝订单，证明某款商品是"自用款"、经常性购买的商品。

四、促成下单

通过以上 3 个步骤的铺垫，促成下单似乎是水到渠成的事情，但也需要掌握好方法，不然会功亏一篑。在促成下单时，主播可以采用以下两个技巧。

1. 展现价格优势

主播可以展示商品的官方旗舰店价格或市场价，与直播间的价格进行对比，营造价格优势，从而让用户感觉物超所值。以销售一款防晒喷雾为例，一般的话术是："这款防晒喷雾原价 160 元，今天直播间优惠价 79 元……"而展现价格优势的话术是这样的："这款防晒喷雾在天猫旗舰店的价格是 79 元 1 瓶，今天晚上在我们直播间的用户，享受买两瓶直接减 79 元，相当于第一瓶 79 元，第二瓶不要钱，真的是超值。夏季人手必备的一款防晒喷雾，保护你的皮肤不受伤害……"尽显价格优势。

2. 限时限量

主播可以通过限时限量的话术完成对用户的催单，用具体的数据营造直播间秒杀、狂欢的气氛，让用户跟着完成冲动购买行为。例如，"现在直播间有 5000 人，我们今天就送前 600 名等价礼品。倒数 5 个数，5，4，3……"。

任务评价

1. 学生自评（见表 4-19）

表 4-19　对某一商品快速销售任务的学生自评表

班级		学号		姓名	
角色	○ 组长　○ 组员		完成时间		
任务		完成情况记录			
需求引导					
商品引入					
赢得信任					
促成下单					

2. 学生互评（见表 4-20）

表 4-20　对某一商品快速销售任务的学生互评表

班级		被评人学号		被评人姓名	
评价者角色		评价者学号		评价者姓名	
任务		完成情况记录			
需求引导					
商品引入					
赢得信任					
促成下单					

3. 教师评价（见表 4-21）

表 4-21 对某一商品快速销售任务的教师评价表

班级		被评人学号		被评人姓名	
任务		完成情况记录			
需求引导					
商品引入					
赢得信任					
促成下单					

拓展练习

实训目的：

在实际训练中灵活运用本节所讲的直播间某一商品快速销售具体流程和方法。

实训内容：

以小组为单位，任选主打商品，结合本节所讲的直播间某一商品快速销售的方法，完成某一商品的营销活动。

实训要求：

实训进行的营销活动需包括需求引导、商品引入、赢得信任、促成下单这 4 个步骤，要求流程完整，且每一步骤中至少运用一种本节所讲的直播技巧。

完成如表 4-22 所示的某一主打商品的直播讲解测试题。

实训评价：

一人完成模拟直播营销后，其他同学采用投票方式模拟直播间观众购买该商品，从而评选出最佳主播。

通过该实训活动，加深学生对本节所学直播流程及技巧方法的理解，在实际运用中灵活掌握所学重点。

表 4-22 某一主打商品的直播讲解测试题

班级	姓名	学号	任务分工	评分
组员				

【项目检测】

（1）选取某一品牌的化妆品，针对淘宝直播和抖音直播两个平台，设计不同的营销策略。

（2）现有某速食食品需要做直播推广，需设计一套适合快速冲量的直播营销脚本。

（3）针对六一儿童节某儿童服饰品牌的营销活动，分析现有营销方案的利弊，将数据进行整理，并设计一套新的推广方案。

项目五

直播环境的视觉效果设计

直播间设计将会直接影响直播的整体呈现效果，直播间的环境布局给用户留下的第一视觉体验将会影响直播的用户体验。直播间的设计风格应与主播的个性相匹配，与主播的个性越一致，用户就越能沉浸在直播现场的氛围中。对于电商直播营销来说，直播间的风格与公司形象或品牌气质越契合,就越能加深用户的印象并提高品牌知名度。

本项目介绍直播环境中的视觉效果设计，主要包括直播设备、直播场所布置及直播间灯光布置等内容。

任务一 直播设备

任务描述

直播运营人员希望在直播中取得成功并为用户提供良好的服务，这就需要选择合适的直播设备并在最佳状态下预先调试各种设备，同时根据现场直播的环境和场景进行改变。现场直播可以分为室内现场直播和户外现场直播，根据现场直播所在位置的不同，可供选择的直播设备也将有所不同。

学习目标

了解室内、户外直播设备的主要种类。

任务分配

本任务为分组任务：每组若干组员，在组长带领下分工合作，归纳总结直播设备的种类（见表 5-1）。

表 5-1 直播设备归纳总结任务分配表

<table>
<tr><td>班级</td><td></td><td>组号</td><td></td><td>组名</td><td></td></tr>
<tr><td>角色</td><td>姓名</td><td>学号</td><td colspan="3">任务分工</td></tr>
<tr><td>组长</td><td></td><td></td><td colspan="3"></td></tr>
<tr><td rowspan="5">组员</td><td></td><td></td><td colspan="3"></td></tr>
<tr><td></td><td></td><td colspan="3"></td></tr>
<tr><td></td><td></td><td colspan="3"></td></tr>
<tr><td></td><td></td><td colspan="3"></td></tr>
<tr><td></td><td></td><td colspan="3"></td></tr>
</table>

任务准备

引导问题：直播设备包含哪些？

任务实施

一、室内直播设备

室内直播通常适合对光线有很高要求并且对详细标签有很高要求的商品，如服装、食品和美容等类型的直播。在多数情况下，室内直播主要需要以下类型的设备。

1. 摄像头

摄像头是创建实时视频的基本设备之一，有带固定支架的摄像头、软管摄像头和可移动摄像头。

带固定支架的摄像头，如图 5-1 所示，可以单独放置在计算机上，也可以固定在计算机屏幕上。用户可以调整摄像头的方向，该摄像头的优点是相对稳定，某些带固定支架的摄像头还具有防震装置。

图 5-1　带固定支架的摄像头

软管摄像头具有一个可以自由更换和弯曲的软管支架，即使将摄像头的软管弯曲成 S 形或 L 形，也可以从多个角度自由调节，因此支架可在保持固定的状态下用于多角度自由拍摄。

可移动摄像头是可以从机箱上卸下的摄像头，主播可以使用支架或其他工具将摄像头固定到屏幕顶部或其他位置。

2. 耳机

主播可以通过耳机在直播中听到自己的声音，从而使自己可以更好地控制音高并区分伴奏。入耳式耳机和头戴式耳机最为常见，如图 5-2 和图 5-3 所示。大多数主播都会选择使用入耳式耳机，这种类型的耳机不仅可以避免夹在头上的不适感，还可以保持发型美观。

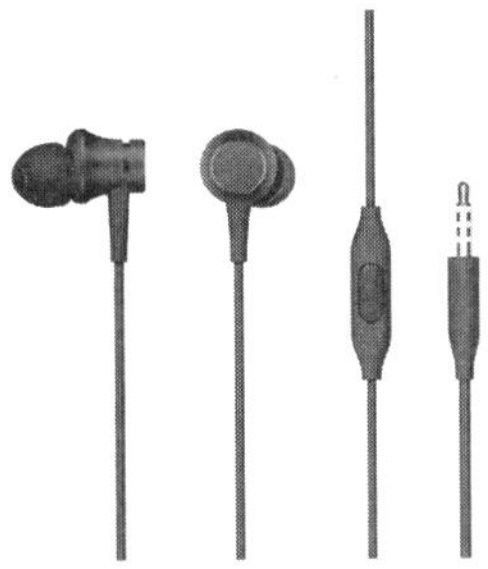

图 5-2　入耳式耳机

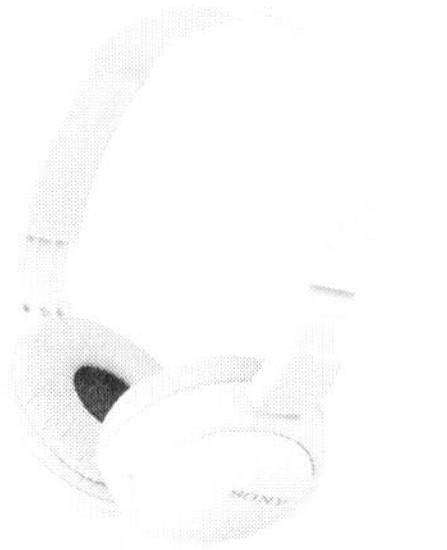

图 5-3　头戴式耳机

3. 麦克风

除视频屏幕外，直播的声音质量也直接影响直播的质量，因此麦克风的选择也非常重要。麦克风主要分为动态麦克风和电容式麦风。

（1）动态麦克风。

动态麦克风的最大特点是声音清晰，可以最准确地恢复高音部分，如图 5-4 所示。动态麦克风分为无线动态麦克风和有线动态麦克风。目前，大多数无线动态麦克风都支持 iOS 和 Android 系统。动态麦克风的缺点是所收集的声音不完整，其对低频声音的收集效果不错，但对中频和高频声音较难收集。

（2）电容式麦克风。

电容式麦克风具有非常强大的接收能力，以及饱满而圆润的声音效果，使人们听起来非常舒适，不会突然高音造成不适，如图 5-5 所示。如果要现场演唱，就需要设置一个电容式麦克风。电容式麦克风非常脆弱，容易形成“喷雾式麦克风”，因此使用时应盖上喷雾罩。

图 5-4　动态麦克风

图 5-5　电容式麦克风

4. 声卡

声卡是现场直播中使用的专业无线电和声音增强设备。声卡可以连接到：麦克风；用于伴奏的手机或平板电脑；用于直播的手机和耳机等设备。

5. 照明设备

要在直播环境中调整灯光效果，就需要在直播间中安装照明设备。如图 5-6 所示为环形辅助灯，如图 5-7 所示为八角形辅助灯。对于专业级别的现场直播，直播间必须配备专业照明组合，如柔光灯、无影灯和美容灯，以便创建更复杂的直播图像。

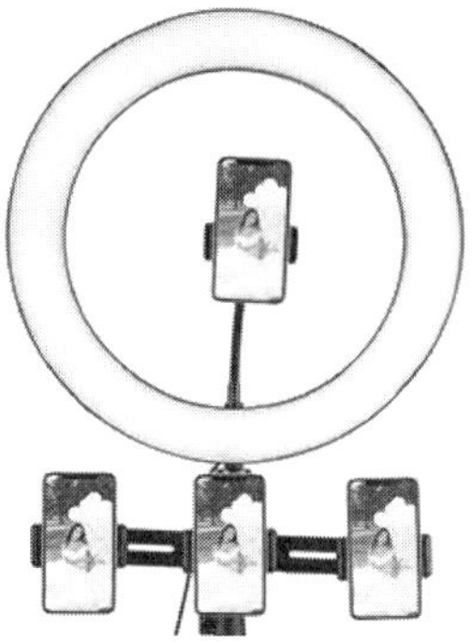

图 5-6　环形辅助灯

图 5-7　八角形辅助灯

6. 计算机或手机

主播可以使用计算机或手机在直播间中查看评论并与粉丝互动，还可以使用手机相机拍摄实时图像。如果要通过计算机进行实时直播，就可以使用视频录制软件；如果要通过手机实时直播，就可以在计算机上安装移动屏幕投影软件，然后使用计算机进行直播。

7. 支架

支架用于放置相机、手机和麦克风。不仅可以解放主播的双手，还可以方便主播操作摄像头、手机和麦克风。如图 5-8 所示是相机三脚架，如图 5-9 所示是手机支架，如图 5-10 所示是麦克风支架。

图 5-8　相机三脚架

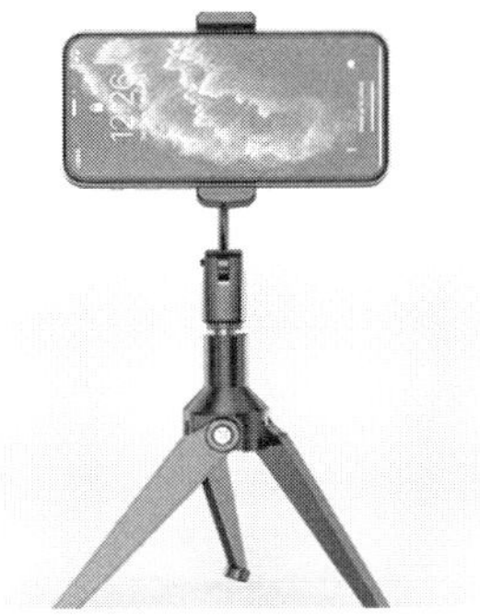

图 5-9　手机支架

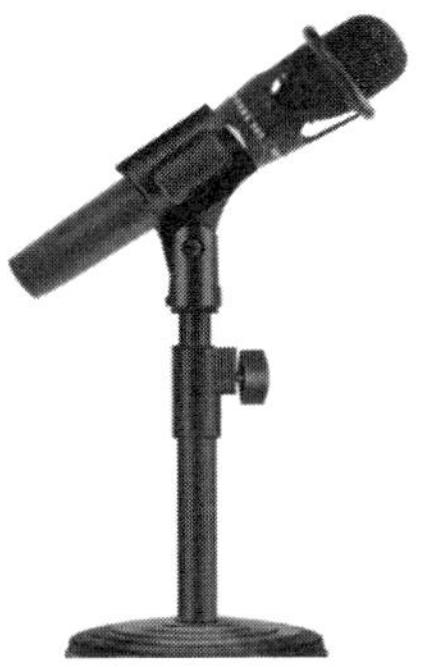

图 5-10　麦克风支架

8. 网络

稳定的网络是直播的基础，网络速度直接影响直播的质量和观看体验。对于室内直播，如果条件允许，最好使用有线网络，有线网络比无线网络更加稳定及具有更强的抗干扰能力；如果室内无线网络连接的设备很少，则可以使用室内无线网络进行直播；如果无线网络不能满足直播需求，需要使用 4G 或 5G 网络，就要确保手机有足够的流量。

二、户外直播设备

如今，为了给用户带来不同的视觉体验，越来越多的主播选择在户外直播。户外直播环境更加复杂，需要配置的主要直播设备如下。

1. 手机

手机是户外直播的首选设备，但并非所有手机都适合户外直播。用于在户外直播的手机，对 CPU（中央处理器）的配置要求较高，可以在中高端手机之间进行选择。只有强大的 CPU 性能才能在直播过程中满足较高的编码要求，并解决直播软件兼容性问题。

2. 无线设备

如果在户外直播时周围环境嘈杂，就需要外部接收设备来协助。主要有两种类型的接收设备：无线蓝牙耳机和外部电缆（适用于多人采访）。

3. 网络数据卡

网速的快慢直接决定直播的流畅度，这是户外直播要解决的首要问题。网络条件不好会导致实时画面卡顿或黑屏，严重影响用户的观看体验。为了确保户外直播的稳定性，直播时必须配备网络数据卡，该数据卡必须具有稳定的信号、足够的流量和较高的网速。

4. 手持式稳定器

在户外直播时，主播通常需要四处走动，移动会导致镜头摇摆，这会影响用户的观看体验。有些手机虽然具有防震功能，但是防震效果有限，这就需要为手机配备手持稳定器，以确保拍摄效果和图像的稳定性。

5. 运动相机

当在户外直播时，如果主播对手机的拍摄角度不满意，则可以使用运动相机进行拍摄。运动相机是小型便携式防尘、防震和防水相机。其尺寸小、安装方便、视角广，还可以进行慢动作拍摄。主播可以使用运动相机拍摄极限运动。

6. 自拍杆

自拍杆可有效避免出现“大头”图像，可以更完整地查看直播图像和保证空间感。

自拍杆有不同类型，如带有蓝牙的自拍杆、可以在多个角度自由播放的自拍杆和带有美化灯的自拍杆等。对于户外直播来说，带有美化灯的自拍杆和可以在多个角度自由播放的自拍杆最受欢迎。

7. 移动电源

目前，现场直播的主流设备是手机，其便携性大大提高了现场直播的效率。当通过手机进行移动实时直播时，手机电池电量是一个很大的考验。因此，移动电源是支持移动直播必不可少的设备。

任务评价

1. 学生自评（见表 5-2）

表 5-2　直播设备了解情况学生自评表

班级		学号		姓名	
角色	○ 组长　　○ 组员		完成时间		
任务		完成情况记录			
室内直播设备了解					
户外直播设备了解					
完成任务后的收获					

2. 学生互评（见表 5-3）

表 5-3　直播设备了解情况学生互评表

班级		被评人学号		被评人姓名	
评价者角色		评价者学号		评价者姓名	
任务		完成情况记录			
室内直播设备了解					
户外直播设备了解					
完成任务后的收获					

3. 教师评价（见表 5-4）

表 5-4　直播设备了解情况教师评价表

班级		被评人学号		被评人姓名	
任务		完成情况记录			
室内直播设备了解					
户外直播设备了解					
完成任务后的收获					

拓展练习

实训目的：
在实际训练中灵活运用本节所讲的直播间室内、户外直播设备的相关知识。

实训内容：
以小组为单位，任选主打商品，结合本节所讲的室内、户外直播设备的相关内容，共同完成某一专题类节日商品的营销活动。

实训要求：
根据每组所选的节日商品自行选择室内直播或户外直播进行营销活动，将营销活动过程录制成为 5 分钟左右的视频。要求直播过程中设备齐全，流程完整，并且直播过程中合理使用运用本节所介绍的直播基础设备，设备与所选直播商品必须适配。

实训评价：
每组展示节日商品营销活动录制视频后，其他组同学采用投票方式模拟直播间观众购买该商品，从而评选出最佳直播营销组。

通过该实训活动，加深学生对本节所学直播设备的了解，在实际运用中灵活掌握所学重点。

任务二　直播场所布置

任务描述

直播间是主播与用户进行交流和互动的虚拟空间，用户从主播的外貌、现场直播间的氛围来获得对主播的第一印象。直播间的布局主要取决于主播的喜好，其会提供有关主播的信息，有助于强调主播的个性并加深粉丝的印象。对于直播营销来说，直播间需要强调营销属性，可以根据直播的内容来安排直播场所的整体风格。

学习目标

（1）了解直播场所的布置要求及场景的布置；
（2）掌握直播道具的使用方法。

任务分配

根据对直播商品特点、种类的把握，每 4 位同学自行协商分工，配合完成某一商品直播场所布置（见表 5-5）。

表 5-5　某一商品直播场所布置任务分配表

班级		商品	
组员	姓名	学号	任务分工

任务准备

引导问题 1：室内、户外直播对直播场所的布置有哪些要求？

引导问题 2：面对不同直播主题应如何设置直播间的场景？

任务实施

一、直播场所布置

在选择和规划现场直播场所时，现场直播团队需要优先考虑用户经常在何处购买和使用商品，以缩短与用户之间的距离。直播间可分为室内和户外两个场所。

1. 室内直播场所的基本布置要求

（1）具有良好的隔音效果，有效避免噪声干扰。

（2）吸音效果好，防止现场直播中出现回声。

（3）室内照明效果好，有效提升主播和商品的魅力，减少商品的色差，提高实况屏幕的视觉效果。

（4）室内空间充足，面积通常为 10～40 平方米。如果需要展示大型商品，如钢琴、冰箱和电视，则要注意空间的深度，以便提升空间的美感。

（5）如果需要使用头顶灯，则需要考虑房间的高度。房间高度通常控制在 2.3～2.5 米。需要确保为顶灯留出足够的空间，以避免顶灯的位置过低，使顶部的光线进入镜子，从而影响图像的美观。

（6）为避免混乱的现场直播，在现场直播期间，并非所有商品都可以同时出镜。因此，如果有很多直播商品，则需要在直播间中有足够的空间来播放。另外，也要为现场直播间配备的诸如桌子、椅子、黑板和花之类的道具留出空间。

（7）在一些现场直播中，除主播外还有助手等工作人员，因此也要考虑这些工作人员的工作空间。

2. 户外直播场所的基本布置要求

户外场所适用于大型商品或需要现场采购商品的直播，如现场采摘商品、码头采购海鲜或多人参加的现场直播。在为直播间选择户外场所时，需要考虑以下因素。

（1）户外天气条件。需要注意下雨和刮风等天气，并提前制订室内备份计划，以免直播期间出现极端天气。此外，如果选择在傍晚或晚上进行现场直播，则还需要配置辅助灯光设备。

（2）在现场直播中，主播不仅需要介绍各种商品，还需要回答用户的问题，因此，户外场所不宜过大。

（3）对于需要美感的户外直播，如户外婚礼摄影，则在确保户外场所干净美观的同时，也要防止人员和交通拥挤。

二、直播间场景布置

直播间会给用户带来最直接的视觉体验，如果直播间的环境“脏乱差”，用户看到后就会离开直播间。因此，直播间首先要保持整洁，所有物品和道具在直播前应摆放整齐，营造一个简单、大方、明亮、舒适的直播环境。

现场直播场景没有统一的标准，可以根据主播的喜好来进行设计布置，但因为直播间的主要功能是商品营销，所以最好用待售的商品来装饰直播间。例如，可以使用货品架作为背景，如图 5-11 所示；或者使用品牌徽标（Logo）作为直播间的背景，以突出直播背景并增强品牌效果，如图 5-12 所示。另外，主播还可以将实体店用作直播间，以突出显示直播场景，如图 5-13 所示。

图 5-11　货品架背景

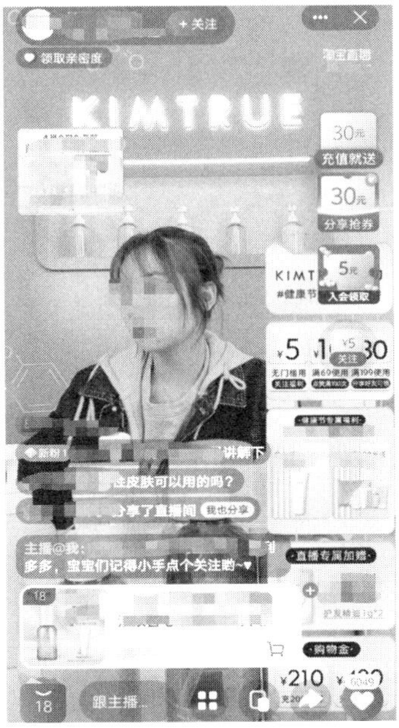

图 5-12　品牌徽标背景

图 5-13　实体店用作直播间

下面详细介绍如何根据直播主题设置直播间场景。

1. 美容彩妆类直播间的场景布置

在现场布置场景时，需要对直播间进行精美的布置，这样可以使直播画面具有层次感，增加垂直深度，强调商品卖点，从而促进商品销售。

（1）直播间的大小。在正常情况下，美容彩妆类直播间约为 10 平方米。

（2）直播间的背景墙。背景墙简洁大方，使用明亮且纯净的色彩，主要体现出简单、大方和明亮的风格，也可以适当地布置一些装饰，如图 5-14 所示。还可以对其进行调整以适合主播的形象和直播风格。例如，若主播是可爱型的，则直播的背景墙和幕布可以使用暖色（粉红色或紫色）；若主播是成熟稳重型的，就可以尝试使用白色和灰色背景墙。直播间的最佳背景颜色是灰色，使人视觉舒适，非常适合美妆类直播，可以凸显商品的颜色。

（3）美妆展示柜。如图 5-15 所示，将要出售的商品陈列在展示柜上，不仅看起来美观舒适，还使它们更具吸引力。

（4）现场桌椅。如图 5-16 所示，为了方便展示美妆类商品，可以安装方形或圆形桌子，且桌面区域要足够大以便主播进行直播。此外，考虑到长时间进行直播时主播的舒适性，最好选择靠背低的座椅。

图 5-14　直播间的背景墙

图 5-15　美妆展示柜

图 5-16　现场桌椅

如果直播空间很大，则可以在室内适当地布置装饰品，如小盆栽或小玩偶，避免直播间显得太空，这不仅能契合主播的个性，还方便现场表演。

【任务实训】

4 人一组合作完成某一美容彩妆直播间的场景布置（见表 5-6）。

表 5-6　某一美容彩妆直播间的场景布置任务分配表

班级		商品	
组员	姓名	学号	任务分工

2. 服装类直播间的场景布置

服装类直播间的场所布置如下。

（1）直播间的大小。对于服装类直播，通常会选择一个约 20 平方米的直播间来进行直播。

（2）衣架和衣橱。服装类直播节目还需要衣架和衣橱，将当天出售的衣服挂起来，并使用假人衣架展示主要商品。

（3）地面。直播间的地面可以是浅色地毯或木地板，地毯的样式应与所售衣服的样式相符。

（4）背景墙。墙面背景可以根据商品类型进行匹配，通过加强直播间的层次感，使用户感到美和舒适。

【任务实训】

4 人一组合作完成某一服装类直播间的场景布置（见表 5-7）。

表 5-7　某一服装类直播间的场景布置任务分配表

班级		商品	
组员	姓名	学号	任务分工

三、直播道具的使用

在主播直播期间使用辅助道具可以直观地传达主播的意图，突出要点，吸引用户的注意力，丰富直播画面并加深用户对实物或商品的印象。直播间常用的辅助道具如下。

（1）实物。实物是直播过程中必要的道具，是放置在摄像机前面的物品或配件等。必要的实物道具不仅提升了商品的真实性，还能提升用户体验。

（2）黑板、白板和荧光显示屏等可以显示文本和图像信息的工具，其主要功能如下。

① 在直播服装时，主播根据用户的基本信息，如身高 160～170 厘米，体重 50～60 公斤，推荐 L 尺码，这可以提高直播通信效率并减轻客服压力。

② 在直播化妆品时，可以向用户提出建议，如哪种口红适合哪种肤色和场景。

③ 当天提醒“宠粉”活动和福利商品。

④ 用户下单时，提醒交货的详细信息和特殊情况，如预热×天、售卖×天。

（3）手机、平板电脑和大型电子屏幕等。这些电子产品用于显示商品的完整图片、官方旗舰店价格、明星同款或明星推荐广告等，配合主播讲解时使用。

（4）计算器和秒表等。直播时可以使用计算器来计算商品的组合价格、折扣等，以吸引用户的注意力并突出价格优势；秒表可用于营造紧迫感，促使用户下单。

任务评价

1. 学生自评（见表 5-8）

表 5-8　直播场所布置学生自评表

班级		学号		姓名	
任务分解		完成情况记录			
直播场所布置					
直播场景布置					
直播道具的使用					
完成任务后的收获					

2. 学生互评（见表 5-9）

表 5-9　直播场所布置学生互评表

班级		被评人学号		被评人姓名	
评价者角色		评价者学号		评价者姓名	
任务分解		完成情况记录			
直播场所布置					
直播场景布置					
直播道具的使用					
完成任务后的收获					

3. 教师评价（见表 5-10）

表 5-10　直播场所布置教师评价表

班级		被评人学号		被评人姓名	
任务分解		完成情况记录			
直播场所布置					
直播场景布置					
直播道具的使用					
完成任务后的收获					

拓展练习

实训目的：

在实际训练中灵活运用本节所讲的商品直播场所布置要求及现场道具的相关知识。

实训内容：

每组自选一类商品，组员共同讨论该商品直播场所的布置要求，完成该商品的直播活动，一场直播活动为 20 分钟。

实训要求：

根据每组所选的该类商品自行选择直播场所、背景及相关道具，将营销活动过程录制成 20 分钟左右的视频。要求直播过程中设备齐全、流程完整，依照本节所学内容进行布置，最终效果美观整洁，注意直播场所中背景、道具的合理搭配，与所选商品匹配。

实训评价：

每组展示节日商品营销活动录制视频后，其他组同学采用投票方式模拟直播间观众购买该商品，从而评选出最佳直播营销组。

通过该实训活动，加深学生对本节所学直播场所布置的了解，在实际运用中灵活掌握所学重点。

任务三　直播间灯光布置

任务描述

除适当的装饰和合理的现场直播间布局外，灯光布置也非常重要。合理的灯光布置可以有效地强调主播的整体形象，突出商品或品牌，并增强直播间的氛围。

学习目标

（1）掌握直播间灯光的选择和布置要求；

（2）了解直播间常用的照明方式；

（3）通过直播间灯光的布置选择合适的拍摄角度。

任务分配

本任务为分组任务：每组若干组员，在组长带领下，根据教材中的讲解，归纳总结直播间灯光布置的重难点，并进行任务分工，共同完成对某一商品直播间的灯光布置（见表 5-11）。

表 5-11 对某一商品直播间的灯光布置任务分配表

班级		组号		组名	
角色	姓名	学号	任务分工		
组长					
组员					

任务准备

引导问题 1： 直播间灯光有哪些选择？
引导问题 2： 在直播时如何布置直播间的灯光？
引导问题 3： 直播间常用的照明方式有哪些？
引导问题 4： 现场直播时拍摄角度有哪些需要注意的地方？

任务实施

一、直播间灯光的选择

通常来说，直播间灯光的选择决定了直播的氛围与效果，那么一个直播间应该包括哪些灯呢？

1. 主灯

直播间的主要照明灯通常是冷光源 LED 灯。如果没有特殊要求，则可以在约 10 平方米的房间中使用功率为 60～80W 的灯。

2. 补光灯

补光灯可以通过调整光源的强弱来改变亮度。

（1）选择亮度可调的补光灯。

现场直播时不同背景需要不同亮度的辅助光线，因此需要配置具有调光功能的补光灯，以便根据整个直播间的亮度进行调节。

如果补光灯不能产生所需的光线效果，则可以通过补光灯反射，以相反的方向照亮主播前面的墙，形成漫反射。它通常用于产生柔和的灯光效果，尤其是当其用作主播前面的光源时。反射光通常会使主播的皮肤看起来更自然、更柔和。

但是补光灯过多，主播的面部会曝光过度或反射光，并且光的效果也会变差，因此不能使用过多的补光灯。

（2）选择高频闪光灯。

任何灯都会闪烁，良好的补光灯虽然快速、密集地闪烁，但是肉眼看不到，部分光源在用相机拍摄后会在屏幕上出现条带状的光条，影响外观，长期使用补光灯也可能会影响主播的视力。识别闪光灯的方法：打开手机摄像头，对准补光灯，如果手机屏幕上没有明显的闪烁，则可以使用补光灯，否则需小心使用。

3. 冷光灯和暖光灯

照明灯光因色温的不同主要分为暖光灯和冷光灯两种。主播可以根据直播间布置的效果选择合适的照明灯光组合。一种配置是，主光源是冷光源，辅助光源是暖光源，整体效果呈现暖光。温暖的灯光会使主播看起来更自然，温暖的感觉使人更舒适。对于美食现场直播，建议选择暖光照明系统，以突出食物的颜色并增加用户的食欲。另一种配置是，主光源是冷光源，辅助光源组是冷光源和暖光源，结合局部冷光源，整体效果呈现冷色调。冷色调使主播的皮肤看起来更白、更透明，前补光增加一点儿温暖的颜色，可以使皮肤变白和红润。服装、鞋子和皮肤护理的直播间主要使用冷光源以确保服装和皮肤护理商品的展示效果。

二、直播间灯光的布置

直播间的布局不仅对背景和对象的布置有特定要求，以营造气氛、塑造风格，而且对照明布置也有特定要求。根据灯光的作用，直播间使用的照明光源分为主光、辅助光、轮廓光、顶光和背景光。不同的灯光具有不同的布置方法，产生不同的灯光效果。

1. 主光

在直播视频中，主光是主导光源，它直接决定了图像的主调，是实现灯光美颜的基础，只有确定了主光，才能设计添加辅助光、轮廓光和背景光等。如图 5-17 所示，主光应面向主播面部，并与摄像机镜头的光轴成 0°～15° 的角度，使主播的脸部更完整、更明亮，脸上的皮肤看起来柔软、更干净。但因为主光是前光源，所以主播的面部没有阴影，看起来很呆板，没有 3D 效果。

2. 辅助光

辅助光是从主播的侧面照射过来的光，能够对主光起到一定的辅助作用。辅助光可用于增加主播整体形象的立体感，并使主播的轮廓更加突出。如图 5-18 所示，从主播左前方 45° 的角度发出的辅助光可以在主播的面部投射阴影，从而凸显主播面部轮廓的立体感。从主播右后方以 45° 的角度照明，可以增加主播右后方轮廓的亮度，并与主播左前方的灯光效果形成对比。

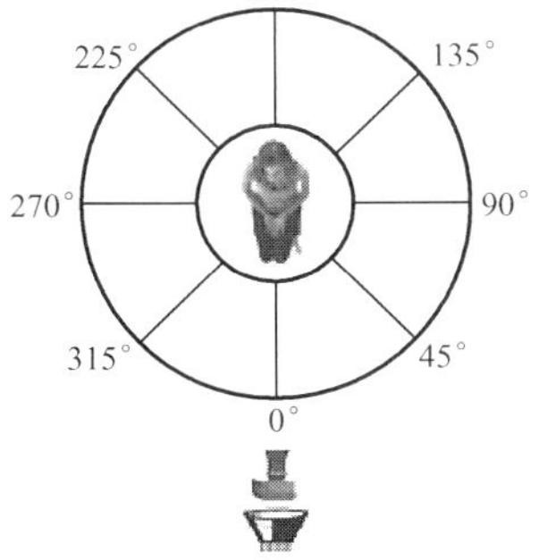

图 5-17　主光的布置

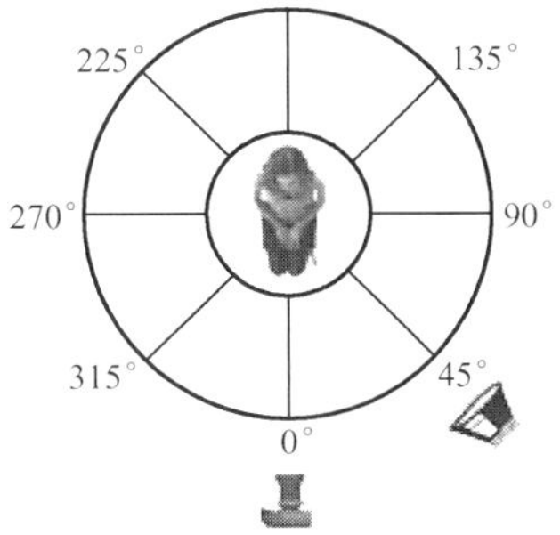

图 5-18　辅助光的布置

3. 轮廓光

如图 5-19 所示，从主播后面照亮时，轮廓光也称为背光，可以形成背光效果。轮廓光可以通过勾勒主播轮廓并将其与直播间的背景分开来使主播的形象更加突出。布置轮廓光时，注意调整光强度。如果轮廓光太亮，则主播的前面将变暗。

4. 顶光

顶光是仅次于主光的第二光源，从主播的头顶位置照射，为背景和地面增加照明，能够让主播颧骨、下巴、鼻子等部位的阴影拉长，在主播面部产生强烈的投射感，这有利于塑造主播面部轮廓。顶灯应设置在主播头顶 2 米距离以内，如图 5-20 所示。

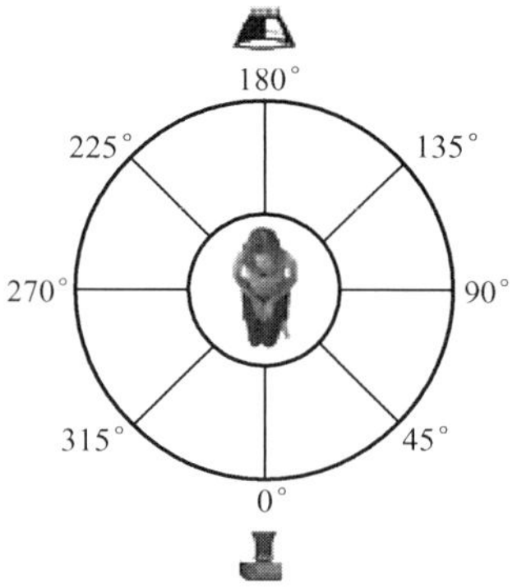

图 5-19　轮廓光的布置

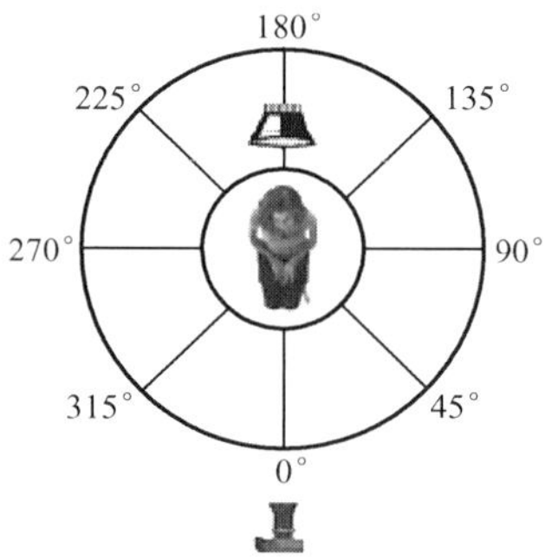

图 5-20　顶光的布置

5. 背景光

背景光也称为环境光，是周围环境和主播背景的照明光。主要起到使室内光线均匀的作用。由于背景光会产生均匀的照明效果，因此在布置背景光时，需要使用多个低亮度光源，如图 5-21 所示。

图 5-21　背景光的布置

三、直播间常用的照明方式

通过在直播间中合理地布置灯光或改变主播的位置可以改善直播画质，使主播或商品的屏幕效果更理想。

1. 三灯照明方式

三灯照明方式通常适用于空间较小的直播场景，具有三维效果和空间感优点。三灯照明方式是将环形柔光灯作为主播的主要光源，放置在主播的前方作为正面光，并在主播的两侧放置其他两个柔光灯以使主播周围的物体变亮。环形柔光灯含有扩散器，该扩散器非常柔和，即使长时间使用也不会使主播眼花，柔和的光线也可以使商品更具质感和吸引力。这种照明方式适用于各种现场直播场景，具有很强的通用性，如服装类直播、美容化妆类直播、珠宝类直播、个人采访类直播等。

2. 伦勃朗照明方式

如果要增强主播轮廓的立体效果，可以使用对角线布光的配光方法。对角光是从主播头部的左侧和右侧的 45° 方向发出的光。在调整光线的过程中，主播眼睛下方的面部会出现一个明亮的三角形斑点，如图 5-22 所示。这种照明方式是非常著名的伦勃朗照明方式，可以强调鼻子的高挺和增加主播面部的立体感。

3. 蝴蝶灯瘦脸方式

许多主播希望向用户展示最美丽的外在形象，并在直播中展示自己精致的脸庞。此时，可以使用蝴蝶灯瘦脸方式。这种照明方式将光源放置在主播头顶上方，以延长主播颧骨、嘴巴和鼻角的阴影，从而延长脸部轮廓并达到瘦脸效果，如图 5-23 所示。但此照明方法不适合脸部太瘦或颧骨太高的主播。

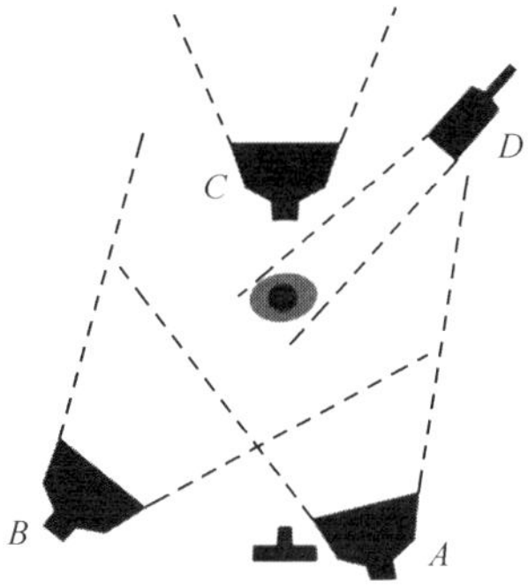

图 5-22　伦勃朗照明方式

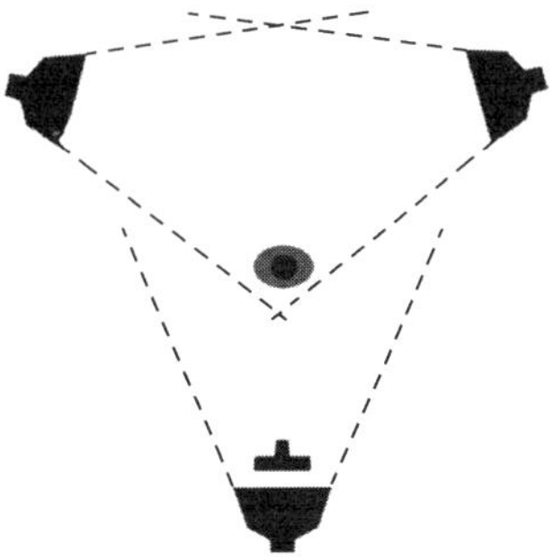

图 5-23　蝴蝶灯瘦脸方式

四、直播拍摄角度

在直播过程中，主播找到合适的拍摄角度可以使自己更上镜，同时也能使直播画面的效果更好。拍摄角度是相机镜头与拍摄物体之间的高度角，包括拍摄高度、拍摄方向和拍摄距离。对于网络直播来说，使用的主要拍摄角度包括拍摄高度和拍摄方向。

1. 拍摄高度

拍摄高度是指被摄物体在垂直方向上与相机镜头的相对位置或高度。如图 5-24 所示，共有 3 种拍摄高度，即俯拍、平拍和仰拍。

（1）俯拍。

俯拍是指从上到下、从高到低的拍摄角度，相机镜头高于拍摄对象。俯拍很容易给被拍摄者带来沮丧的感觉，并给使用者带来俯视的视线。

在直播拍摄中，可以以 45° 的角度拍摄主播，这可以使主播的脸看起来更小，但该拍摄角度对于主播而言会使其显得矮，因此选择 45° 角度拍摄时，可以只拍主播的上半身。

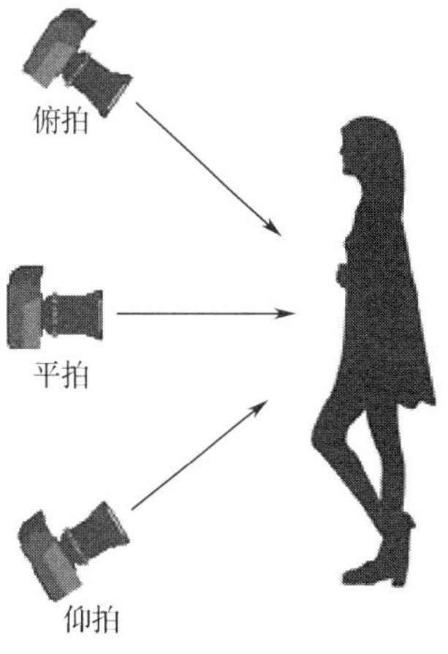

图 5-24　拍摄高度

（2）平拍。

平拍是指相机镜头和拍摄对象在同一水平线上的拍摄角度。采用这种拍摄角度时，视觉效果类似于人们在日常生活中观察事物的效果。镜头内的物体不易变形，给人以稳定的感觉。但是，在此拍摄角度下，主播的脸看起来太大，五官没有立体效果。此时，应使用一些辅助方法，如使用侧灯和侧面拍摄，以减轻这种负面影响。

（3）仰拍。

仰拍表示相机镜头低于拍摄对象，是从下往上拍摄。在向上拍摄时，镜头中的物体看起来很高大，让观看者产生一种压抑感或崇拜感。

2. 拍摄方向

拍摄方向以拍摄对象为中心，相机镜头在同一水平面上选择拍摄对象周围的拍摄点。在实际拍摄中，拍摄方向通常分为正面拍摄方向、倾斜拍摄方向、正侧拍摄方向和背面拍摄方向。如图 5-25 所示，倾斜拍摄方向分为前侧拍摄方向和后侧拍摄方向。

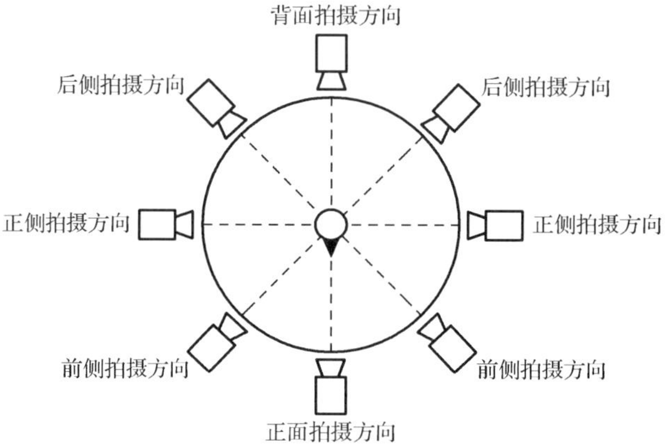

图 5-25　拍摄方向

（1）正面拍摄方向。

正面拍摄方向表示相机镜头正好位于拍摄对象的正前方。该拍摄方向对于表现拍摄对象的正面特征很有用。在直播视频中，大多数主播都是面朝前方拍摄的，让用户看到主播的全部面部特征和面部表情，促进主播和用户之间的面对面交流，使用户感觉亲切，增强参与感。

（2）倾斜拍摄方向。

倾斜拍摄方向是指除被拍摄对象的正面、背面和正侧以外的拍摄方向。通过倾斜拍摄，主播的视角发生变化，直播形象的生动感和立体感变得更强。

（3）正侧拍摄方向。

正侧拍摄方向是相机镜头位于被拍摄对象前方 90° 的位置，通常称为左前方和右前方。从正侧拍摄有助于表现主播的面部轮廓，可以让用户看清楚主播相貌的外观轮廓，使主播的形象富于变化。

（4）背面拍摄方向。

背面拍摄意味着相机镜头位于拍摄对象的正后方。该拍摄方向允许直播画面上显示的视线与主播的视线匹配。换句话说，当在相反方向上拍摄时，主播正在观看的空间或风景也是用户正在观看的空间或风景，所以能够带给用户强烈的参与感。

任务评价

1. 学生自评（见表5-12）

表5-12　对某一商品的直播间灯光布置的学生自评表

班级		学号		姓名	
角色	○ 组长　○ 组员		完成时间		
任务		完成情况记录			
直播间灯光的选择					
直播间灯光的布置					
直播间常用的照明方式					
直播拍摄角度					

2. 学生互评（见表5-13）

表5-13　对某一商品的直播间灯光布置的学生互评表

班级		被评人学号		被评人姓名	
评价者角色		评价者学号		评价者姓名	
任务		完成情况记录			
直播间灯光的选择					
直播间灯光的布置					
直播间常用的照明方式					
直播拍摄角度					

3. 教师评价（见表5-14）

表5-14　对某一商品的直播间灯光布置的教师评价表

班级		被评人学号		被评人姓名	
任务		完成情况记录			
直播间灯光的选择					
直播间灯光的布置					
直播间常用的照明方式					
直播拍摄角度					

拓展练习

实训目的：
在实际训练中灵活运用本节所讲的直播间灯光布置的相关知识。

实训内容：

以小组为单位，任选主打商品，结合本节所讲的直播间灯光布置的方法，在专业摄影棚中完成一段某商品简短的营销活动。

实训要求：

根据每组所选的商品类别自行选择商品、背景及相关道具。要求直播过程中设备齐全，流程完整，依照本节所学的灯光设备运用与技巧，合理布置灯光，设置摄像头角度，确定拍摄手法。注意直播场所中的灯光运用及拍摄手法的搭配，并与所选商品相得益彰。

实训评价：

每组现场展示节日商品营销活动后，其他组同学采用投票方式模拟直播间观众购买该商品，从而评选出最佳直播营销组。

通过该实训活动，加深学生对本节所学直播间灯光布置的了解，在实际运用中灵活掌握所学重点。

项目六 直播商品的选择与管理

直播销售的三个要素“人、货、场”，是影响直播间商品销售的关键。其中，“货”是指在直播过程中推荐或销售的商品，选择和规划是直播营销的起点。为提高现场直播间的订单转换率，主播必须选择好的商品，合理规划商品的价格、结构、展示和货架顺序，并对现场直播间的货物进行精细的安排和管理。

本项目主要介绍直播商品选择、直播商品定价、直播间商品结构、直播商品摆放和直播间商品管理，以实现辅助商品销售的目的。

任务一 直播商品选择

任务描述

要想带货，首先要有商品，但商品的类别很广泛，哪类商品适合自己，哪类商品卖得好，需要主播仔细分析。这是可以决定直播盈亏的重要决策，主播必须要有正确的选择策略。有些主播本来就有粉丝，并且自带流量，但是没有资源。这类主播如果想通过直播的方式将流量变现，那么在选择货品的时候就需要判断自己粉丝群体的情况，对粉丝的情况做一个详细分析。

学习目标

（1）了解直播商品选择的基本步骤；

（2）掌握商品选择中匹配度、需求、热度等重点。

任务分配

本任务为分组任务：每组若干组员，在组长带领下，根据不同种类直播的商品选择来进行任务分工，共同完成对某一类直播的商品选择（见表 6-1）。

表 6-1　对某一类直播的商品选择任务分配表

班级		组号		组名	
角色	姓名	学号	任务分工		
组长					
组员					

任务准备

引导问题 1：直播商品选择的步骤有哪些？

引导问题 2：直播商品选择的重点是哪些？

任务实施

一、重匹配度

商品和主播必须匹配，至少主播不讨厌商品，要对商品有自己的理解。主播对商品的介绍不能太烦琐，需要在短时间内将用户需求和商品卖点表达出来，激发用户购买欲望，从而带动消费和帮助传播。无论是网红主播还是商家主播，推荐的物品都必须与主播的人设相匹配。例如，在推荐母婴用品时，未婚女主播的说服力会降低，而拥有“宝妈”身份的主播则显得更加自然和可靠。

直播平台在选择主播时，一定要把握好主播的定位。主播带货可分为两种情况，如图 6-1 所示。

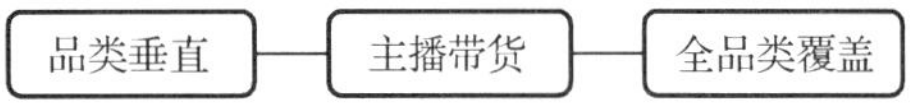

图 6-1　主播带货的两种情况

品类垂直带货主播的用户画像更为精准，其中很多人热衷于商品的垂直类别。品类垂直带货主播的主要作用是帮助用户在这个类中找到最合适的商品。但这种类型的直播也存在用户覆盖面窄的缺点，除了喜欢垂直型商品的用户，很少有人会在直播间进入购物环节。

全品类覆盖带货主播挑选的商品广而杂，但商品要有品牌，价格要足够优惠。并且，这类主播还会要求商家提供优惠券、礼品等福利，以帮助用户省钱。这类直播的优势是人群覆盖面广，缺点是用户画像模糊，主要针对低价商品，用户也是瞄准低价而来的，商品的价格弹性大，一旦价格高了，用户购买意愿就会显著降低。

二、需求分析

对于电商直播，用户关注主播是因为主播推荐的商品能够满足他们的需求。主播可以通过用户画像预测用户需求，选择符合用户年龄、性别、兴趣爱好等的商品。用户的总体需求可以归纳为以下 3 个层面。

1. 维持新鲜感

人有喜新厌旧的心理，主播要提高商品更新频率，维持用户新鲜感，增加用户黏性。同样的商品，如果长时间推荐且不更新，用户迟早会有厌烦的一天。

2. 保证商品的品相

主播应该考虑用户的视觉心理。人是视觉动物，只有商品有良好的品相，才容易刺激用户的购买欲望。因此，主播在选择商品时，应选择在外观、纹理、使用方式、使用效果等方面能给用户产生感官影响的商品，使现场商品充满场景感和沉浸感，改善直播间的购物氛围。

3. 保证商品的质量

衡量主播带货物能力的一个重要标准是用户回购率，它通常取决于货物的质量。在电商直播行业，已经出现了因商品质量问题引发的风波，严重影响了主播的形象，特别是对于中小型主播来说，如果商品质量不好，则会带来难以承受的打击。因此，选择商品时必须以商品质量为中心。

直播过程中，主播在与用户互动时会收到用户的反馈。这包括他们很多未满足的需求。例如，用户在屏幕上传递的“我觉得衣服有点长”“我想买笔记本电脑”“我想吃××薯片”等需求。主播可以根据提出的需求数量来选择相应的商品，及时补充商品，尽可能满足更多用户的需求。

三、紧跟热点

类似于短视频发布要贴合热点的逻辑，选择直播商品时也可以贴合热点。例如，端午节人们吃粽子，中秋节人们吃月饼，主播们可以贴合节气等热点选择直播商品。

因此，主播通常需要关注微博或微信公众号热点。当明星、达人被电商平台或企业邀请直播时，主播要及时看到他们的预热文章并开始做应对准备。如果抓住了机会，就可能抓住巨大的商机。

例如，一位知名艺人参与了一个平台的电商直播，当她穿着黑白相间的裙子出现时，在直播中引起了用户的关注。许多电商平台商家看到了商机，纷纷推出了同款服装。

当人们都在关注这些热点物品时，即使不购买，也可以成为直播间里热烈讨论的话题，从而提升直播间的人气，吸引更多用户进入直播间，以大幅增加其他商品的销售概率。

四、高性价比

在直播销售的过程中，性价比高的商品往往更受用户欢迎。例如，某主播的直播商品始终给予用户“全网最低价”和“无条件退换”的福利，这不仅最大限度地保证了用户的权益，而且让用户对主播产生了极高的信任感。因此，用户回购率非常高。

人们在电商平台购物有两个原因：一是方便快捷，二是商品价格低廉。直播是电商平台的营销工具，因此通过直播购物也符合人们对电商平台的需求。高价商品虽然也可以在直播间出售，但很难售出，即使是顶级主播推荐这类商品，用户也不一定会买单。

商品的高性价比也体现在免费优惠券上，尤其是大额优惠券，可以帮用户省钱。由于很多人都有“占便宜”的心态，发放优惠券就成为刺激用户消费的有效方式之一。

五、商品体验

主播在直播间带货时不仅仅担任导购的角色，更是商品的代言人。为了对用户负责，主播在推荐商品之前最好使用过想推荐的商品。这样才能了解这是否是一种好商品，是否可以满足用户的需求，以及它有什么特点、如何使用、如何推荐等。特别是在不熟悉的商品领域，主播更应该提前了解商品及其使用情况，提前预测现场直播中可能出现的问题，并设法减少错误。

例如，如果主播推荐一款洁面乳，就有必要先解决以下问题：这种洁面乳适合油性皮肤还是干性皮肤，自己是什么样的肤质，自己使用的时候感觉怎么样，用户对洁面乳有什么需求，这种洁面乳是否可以满足他们的需求等。这些是主播亲自试用，即测试和调查后才能得出的结论，在直播间里可以根据自己实际使用体验来向用户推荐商品，从而提高说服力。

六、选定来源

主播在选品时，商品主要来源于以下 4 种渠道，如图 6-2 所示。

1. 分销平台

分销平台主要指淘宝、京东等电商平台。其优势是适合零基础、希望快速启动的主播；缺点是佣金不稳定（部分企业今天设定佣金 50%，明天就可能会改成 20%），发货时间不确定（尤其是发货量大时可能会延迟发货，影响用户采购体验）。因此，主播必须在选择商品时找到靠谱的商家，且售后流程必须提前与商家对接。

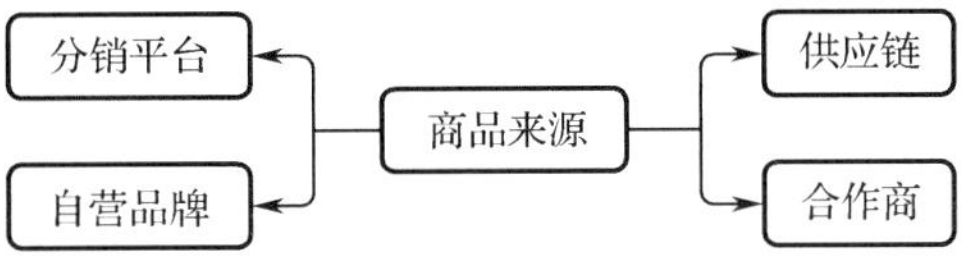

图 6-2　商品来源的 4 种渠道

以淘宝直播为例，目前主播可以通过淘宝联盟或阿里 V 任务来接单。

通过淘宝联盟接单：打开淘宝联盟，找到其中有销售佣金的商品，联系卖家制订定向销售计划，卖家会邮寄商品样品给主播用于直播，以此来推广店铺的商品，而样品是否需要归还则看主播与卖家商谈的结果。

通过阿里 V 任务接单：主播在阿里 V 任务中查看相关任务，发现合适的任务后单击申请，完成任务就可以获得对应的佣金。但是，主播在接收订单的过程中，应注意检查货物背后的供应链，因为无论是性价比优势还是利润空间，推动商品爆火的支撑因素都是它的供应链管理能力。目前，大多数直播用户都有冲动消费特性，导致退货率较高。高质量的供应链可以充分支持这样高的退货率，并尽可能保证利润。

阿里 V 任务于 2019 年 3 月正式推出直播通。直播通作为商家与主播的合作推广工具，能够让商家的商品被更多的主播主动挑选并在直播间里推广展示，同时直播通也能成为主播的直播选品菜单，帮助解决主播想为用户展示发掘更多商品的诉求。主播在直播通中可以查看高数量的商品类别，对接多维度的商品供应链，方便进行选货排期。

2. 自营品牌

自营品牌商品主要依靠吸引投资获得，其优势在于利润较高，适合顶级主播；缺点是对供应链、商品更新、仓储要求高。一般只有顶级主播才有条件打造自己的供应链。

3. 合作商

合作商的商品来源渠道为被动接受（私人信件、商务联系）或主播吸引外部投资。其优势是品牌商品后端有保障，商品转化率高于其他非品牌商品；缺点是品牌商品利润低，因为该品牌会收回部分利润。当然，如果主播是顶级的，那么代言费也是相当可观的。

4. 供应链

供应链渠道来源于自我扩张，其优点是利润高，适合顶级主播；缺点是需要投入大量资金打造供应链，资金压力大。做得好，发展就会很好；做得不好，很可能会被建设供应链的资金压垮。

任务评价

1. 学生自评（见表 6-2）

表 6-2　直播商品选择学生自评表

班级		学号		姓名	
角色	○ 组长　○ 组员		完成时间		
任务		完成情况记录			
重匹配度					
需求分析					
紧跟热点					
高性价比					
商品体验					
选定来源					
完成任务后的收获					

2. 学生互评（见表 6-3）

表 6-3　直播商品选择学生互评表

班级		被评人学号		被评人姓名	
评价者角色		评价者学号		评价者姓名	
任务		完成情况记录			
重匹配度					
需求分析					
紧跟热点					
高性价比					
商品体验					
选定来源					
完成任务后的收获					

3. 教师评价（见表 6-4）

表 6-4　直播商品选择教师评价表

班级		被评人学号		被评人姓名	
任务		完成情况记录			
重匹配度					
需求分析					
紧跟热点					
高性价比					
商品体验					
选定来源					
完成任务后的收获					

拓展练习

实训目的：

在实际训练中灵活运用本节所讲的直播商品选择的知识及相关技巧。

实训内容：

以小组为单位，任选主打商品，结合本节所讲的直播商品选择的6个步骤，完成某直播活动专题类商品的选择。

实训要求：

每组依照本节所学的直播商品选择的6个步骤，分别从重匹配度、需求分析、紧跟热点、高性价比、商品体验和选定来源，进行具体且合理的分析，确定某直播活动专题类商品的选择。要求密切结合本节所学方法与技巧，并且给出的选择理由要有理有据。

实训评价：

每组进行选择后，其他组同学投票选择自己最有意向购买的商品，从而评选出最佳直播营销组。

通过该实训活动，加深学生对本节所学直播商品选择的了解，在实际运用中灵活掌握所学重点。

任务二 直播商品定价

任务描述

商品定价是一项重要而复杂的工作。主播要选择合理的定价策略，最大程度降低成本，在保证自身盈利的基础上，为用户提供更多的优惠，刺激用户的购买欲望。

利润绝对值大的商品更值得选择，特别是对于一些在资金上没有优势的卖家来说，利润绝对值大的商品能支撑卖家走得更远。一件能挣 50 元的商品，和一件能挣 100 元的商品，哪个能支撑得更久呢？虽然后者单件能挣到的钱更多，但前者总利润绝对值更大，因此前者能够支撑得时间更久。

学习目标

（1）了解直播商品的定价区间；

（2）掌握根据主播人设定位商品的价格区间；

（3）熟练知道商品组合定价方法。

任务分配

根据对商品定价区间的把握，每两位同学自行协商分工，配合完成商品价格区间设定（见表 6-5）。

表 6-5　商品价格区间设定任务分配表

班级		商品	
组员	姓名	学号	任务分工

任务准备

引导问题 1：如何根据主播人设来定位商品的价格区间？

引导问题 2：如何完成商品组合定价方法？

任务实施

一、根据主播人设定位商品价格区间

商品定价是一项重要的事情。如果价格太高，主播在直播期间推荐的商品就可能难以出售；如果价格太低，货物过早脱销，利润就会损失一部分。一般来说，客单价通常分为高、中、低 3 个档次，见表 6-5。

表 6-6　客单价档次分类

价 格 档 次	价 格 范 围	用户购买特征
高客单价	100 元以上	十分看重质量和品牌，下单谨慎
中客单价	50～100 元	有所顾虑，充分考虑购买的必要性和商品的实用性
低客单价	50 元以下	购买决策过程很短，大多数属于冲动式消费

主播的人设可以分为 3 种类型，如图 6-3 所示。

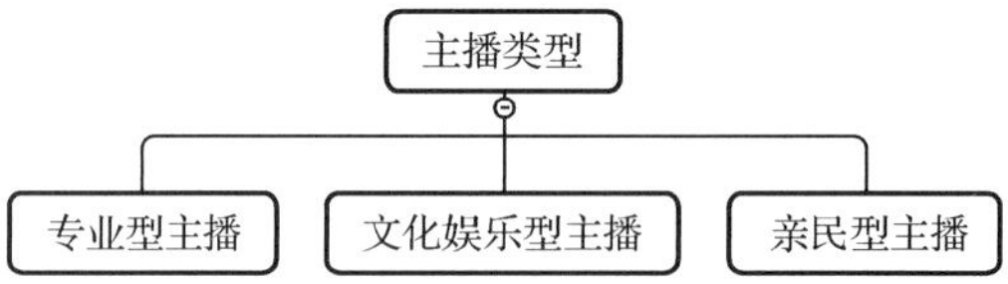

图 6-3　主播人设的 3 种类型

（1）专业型主播在为商品定价时，价格以高客单价为主，中客单价为辅，如“××评测”的客单价多在 100 元以上，如图 6-4 所示。

（2）文化娱乐型主播在为商品定价时，价格以中客单价为主，低客单价为辅，如“×××”的客单价多为 50～100 元，如图 6-5 所示。

（3）亲民型主播为商品定价时，价格以低客单价为主，中客单价为辅，如“××好物”的客单价多为 50 元以下，如图 6-6 所示。

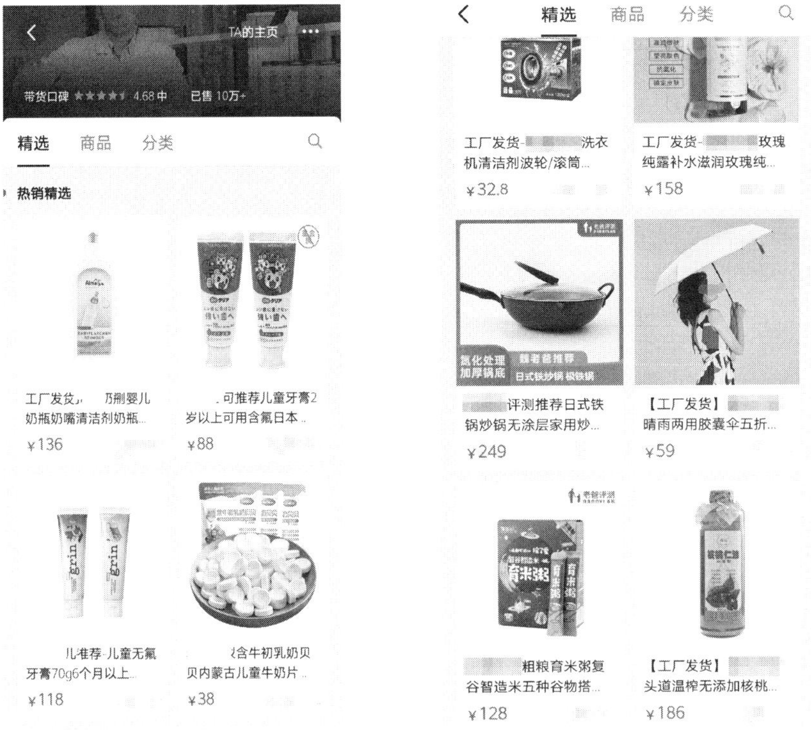

图 6-4　专业型主播商品定价

图 6-5　文化娱乐型主播商品定价

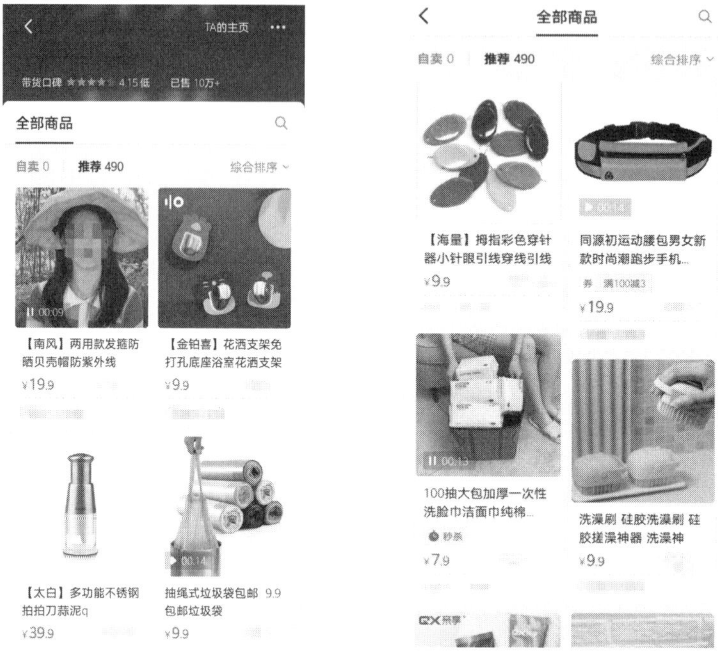

图 6-6 亲民型主播商品定价

二、商品组合定价法

商品组合定价法属于心理定价法，是指迎合消费者心理，对部分商品价格进行高低不同的定价，以取得整体经济效益的定价法。该方法通常用于互补或相关商品的组合定价。

由于用户对价格非常敏感，特别是对不经常购买或价值较高的商品价格非常敏感，企业和商家会利用消费者的心理，降低消费者不经常购买的商品价格，然后把相关商品和补充商品的价格提高。低价能在一定程度上打开市场销路，高价意味着商品品质较高，互相配合能够起到刺激需求的作用。

对于电商直播来说，商品组合定价法同样适用，商品组合应遵循三大原则，下面举例说明。

1. 赠品和商品有关联

例如，某款卸妆水在品牌店或电商平台定价为××元，但在直播间里同样的价格可以得到两份完全一样的商品，甚至用户还能再被赠送一个卸妆棉。虽然主播也可以用其他商品作为赠品，如奶茶粉、水果等，但不如送卸妆棉实用。因为用户在使用卸妆水的过程中，一定会用到卸妆棉。主播这样做可以给用户带来一种受到重视、关心的感觉，在保证质量的前提下，即使商品定价稍微高一些，用户也会接受。

2. 套装搭配，给用户购买的满足感

例如，夏季服饰一般包括 T 恤、短裤、裙子、太阳镜、帽子和配饰等。若对以上服饰单独采购，总价可超过 500 元。但主播在直播中给出了一个非常划算的购买方案，同样的服饰，其中 T 恤 66 元，短裤或裙子 50 元，购买就送太阳镜、帽子、配饰，总价只有 116 元。当主播说出商品的价格时，必须语速快，声音洪亮，将优惠力度明显表达出

来，激发用户的兴奋感，促使用户下单购买。

需要注意的是，主播在直播前一定要做好商品的搭配。用户可以直接购买套装，免去了自己搭配的麻烦，而且价格要适中，让用户觉得物有所值，感到满意。

3. 赠品在直播过程中要提前多次出镜

例如，一款身体乳，实体店定价 98 元，电商平台定价 89 元。主播在直播间做活动，只需要 60 元，买一发二，如果再加 10 元，就送两个护手霜，用户可以配合使用，效果很好。

特别需要注意的是：第一，这款护手霜要在直播过程中多次出现，而且主播要亲自使用体验，这样一来这款护手霜就会有话题点，给用户留下深刻的印象；第二，由于主播本人在使用，此举动比简单说明“我用了这个商品两个月，效果很好”更有说服力，更能增强用户的信任。

任务评价

1. 学生自评（见表 6-7）

表 6-7 直播商品的定价学生自评表

班级		学号		姓名	
任务分解		完成情况记录			
根据主播人设定位商品价格区间					
商品组合定价法					
完成任务后的收获					

2. 学生互评（见表 6-8）

表 6-8 直播商品的定价学生互评表

班级		被评人学号		被评人姓名	
评价者角色		评价者学号		评价者姓名	
任务分解		完成情况记录			
根据主播人设定位商品价格区间					
商品组合定价法					
完成任务后的收获					

3. 教师评价（见表 6-9）

表 6-9 直播商品的定价教师评价表

班级		被评人学号		被评人姓名	
任务分解		完成情况记录			
根据主播人设定位商品价格区间					
商品组合定价法					
完成任务后的收获					

拓展练习

实训目的:
在实际训练中灵活运用本节所讲的直播间商品定价的原则和技巧方法。

实训内容:
每组自选一类商品，推选一名组员当主播，组员共同讨论该直播商品的价格区间，并且完成商品组合定价销售活动。

实训要求:
根据每组所选的商品类别自行选择商品，依照本节所学的直播商品定价方法与技巧，根据主播人设定位商品价格区间或运用商品组合定价法合理设置商品价格区间，注意给出同类商品价格调研情况及定价依据。要求价格设置合理，物美价廉，有吸引力。

实训评价:
每组现场展示汇报完毕后，其他组同学投票选择自己最有意向购买的商品，从而评选出最佳直播营销组。

通过该实训活动，加深学生对本节所学直播间商品定价的了解，在实际运用中灵活掌握所学重点。

任务三 直播间的商品结构

任务描述

对于直播营销而言，其最终目的就在于获利，这也是进行和发展直播营销的关键。

一个好的直播营销运营者必须知道如何规划直播间的商品结构。商品结构的规划不仅与直播间的销售业绩相关，还与直播间抵御风险的能力相关。一个直播间的商品应该包括 4 种类型：福利款、利润款、热度款和品质款。这 4 种商品在直播间内扮演着不同的角色，也发挥着不同的作用。例如福利款，想让用户在观看直播时快速下单，运用送福利的方式能起到很好的效果。因为这很好地抓住了用户偏好优惠福利的心理，从而能够“诱导”用户购买商品。本章需要完成好直播间商品结构的规划。

学习目标

（1）掌握直播间的商品结构；
（2）了解对商品类型的基本介绍。

任务分配

每组若干组员，在组长带领下，根据教材中的内容，完成直播间商品结构的规划，分配某一场直播活动的商品类型（见表 6-10）。

表 6-10　分配某一场直播活动的商品类型任务分配表

班级		组号		组名	
角色	姓名	学号	任务分工		
组长					
组员					

任务准备

引导问题 1： 直播间的商品结构中包括哪些类型？

引导问题 2： 商品结构中不同类型的商品在直播环节中扮演的角色有哪些不同？

任务实施

一、福利款

福利款通常是面向粉丝的独家商品，也就是所谓的“宠粉款”，直播间的用户需要加入粉丝团才有机会抢购到福利款。

主播在做福利款时，有的是免费发送一个商品作为福利，回馈粉丝；有的是把某款商品做成低价款，如“原价 99 元，今天‘宠粉’9.9 元秒杀，限量 1 万件”来刺激粉丝的购买欲望。

二、利润款

直播的目的是帮助商家或企业盈利，主播要实现盈利就必须加入利润款，利润款在全品类商品中的占比较高。利润款应适用于目标群体中追求个性的特定少数群体，所以商品的突出卖点或特点应符合该少数群体的购买心理。

利润款有两种定价模式：一种是直接对单品定价，如“59 元买一发二”“129 元买一发三”等；另一种是对组合商品定价，如护肤套盒、服装三件套等。图 6-7 所示为某主播在直播间开展“拍一发二”的活动。

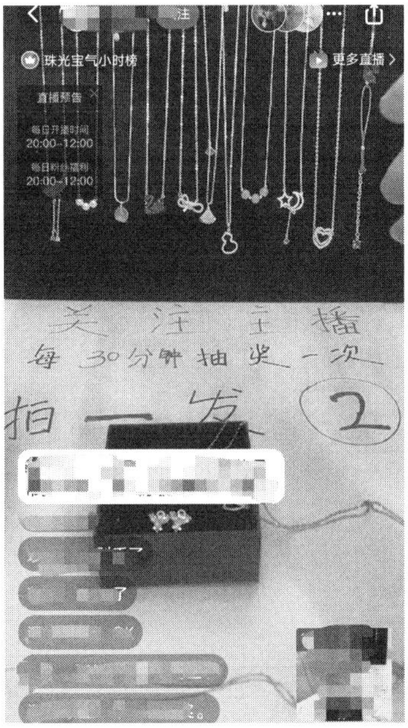

图 6-7　利润款

利润款要等到直播间人气提升到一定高度以后再引入，在直播间氛围良好的时候推荐利润款，趁热打铁，这样更容易促成成交，提高转化率。

三、热度款

考虑到流量在电商直播中的重要性，各主播应该在直播过程中设置热度款商品。这些商品价格较低，毛利率属于中间水平。由于人们都有趋利心理，低价商品自然会吸引更多人观看，直播流量自然水涨船高。然而，流量的增长并不意味着商品转化率的提高。为了提高商品转化率，热度款商品必须被大部分用户接受。

热度款一般放在直播过程的初期。例如1元包邮、9.9元包邮等，用户购买决策成本低，加上秒杀活动限时限量，从而提升直播间紧张的购物氛围，快速提升商品转化率。当然，有的主播会特地将某一场直播设置为全场低价包邮，以此来吸引用户，达到迅速提高直播间流量、增加粉丝的目的。

四、品质款

品质款又称战略款、形象款，负责提供信任背书，提升品牌形象。品质款的意义在于引导用户观看，又让用户觉得价格和价值略超预期。因此，在质量模式上要选择高品质、高格调、高客单价的小众商品。

例如，主播在直播过程中会推荐一件价格超过万元的衣服，然后把衣服套在假人模型上，让用户可以一直看到这件衣服，从而增强用户对企业、商家商品研发实力的信任，提升商品在用户心目中的好感度。品质款可以是设计师定制的限量商品，也可以是孤品、断码商品。其真正目的并不在于成交，而是提高直播间的价格标准，甚至可以用一个品质示范商品来提高直播间的平均售价。这就是品质款商品设置的意义所在。

任务评价

1. 学生自评（见表6-11）

表6-11 直播间的商品结构学生自评表

班级		学号		姓名	
角色	○ 组长　○ 组员		完成时间		
任务	完成情况记录				
福利款					
利润款					
热度款					
品质款					

2. 学生互评（见表6-12）

表6-12 直播间的商品结构学生互评表

班级		被评人学号		被评人姓名	
评价者角色		评价者学号		评价者姓名	
任务	完成情况记录				
福利款					
利润款					
热度款					

品质款	

3. 教师评价（见表 6-13）

表 6-13 直播间的商品结构教师评价表

班级		被评人学号		被评人姓名	
任务		完成情况记录			
福利款					
利润款					
热度款					
品质款					

拓展练习

实训目的：

在实际训练中灵活运用本节所讲的直播间商品结构及其设置的相关知识。

实训内容：

以小组为单位，任选系列商品，结合本节所讲的直播间的商品结构，每人完成一场直播活动商品类型的分配。

实训要求：

根据每组所选的系列商品，运用本节所学的商品结构设置相关知识，确定商品结构。要求商品种类齐全，流程完整，分别设置福利款、利润款、热度款、品质款，并给出合理的设置依据。

实训评价：

每组展示汇报后，其他组同学采用投票的方式选出观众最想进入并参与购买的直播间，从而评选出最佳直播营销组。

通过该实训活动，加深学生对本节所学直播间商品结构的了解，在实际运用中灵活掌握所学重点。

任务四 直播商品摆放

任务描述

商品摆放是直播间烘托购买氛围的手段之一。商品摆放的空间是主播销售商品的舞台，商品是摆放的重点，摆放方式、空间设计与商品要互相配合，才能实现完美直播效果。用户进入直播间后，首先会对商品摆放产生视觉反应，商品摆放的效果直接影响留存用户数和消费者的消费意愿。直播间的商品摆放主要有主题摆放、类别摆放和组合摆放 3 个类型。

学习目标

（1）掌握直播商品摆放的类型；
（2）了解商品摆放类型的特征。

任务分配

根据教材中的内容，完成某一场直播活动的商品摆放设计（见表 6-14）。

表 6-14　某一场直播活动的商品摆放设计任务分配表

班级		组号		组名	
角色	姓名	学号	任务分工		
组长					
组员					

任务准备

引导问题 1： 直播间的商品摆放有哪些类型？
引导问题 2： 不同的商品摆放方式对直播有什么影响？

任务实施

一、主题摆放

主题摆放的主要特征是统一，即与直播间的主题风格保持一致。一般来说，直播间的直播主题可以分为 3 类，见表 6-15。

表 6-15　直播间的直播主题

主　题	话　术	具 体 内 容
节日	中国传统节日	春节、端午节、元宵节、中秋节、清明节等特色商品
	文化历史节日	儿童节、教师节、母亲节、父亲节、劳动节等特色商品
季节	春季	春季新品、烧烤、防雨用具等
	夏季	清凉降火、防晒、防蚊、夏季新品、饮料、雪糕等
	秋季	旅游、民宿、秋季新品等
	冬季	保暖御寒、火锅、润肤乳等
商品种类	零食	干果、罐头、薯片、果冻、酸奶、糖果、巧克力等
	服装	裙子、衬衫、西装、运动装等
	美妆	口红、护肤品、彩妆、面膜等
	厨卫	洗涤用品、餐具等

例如，卖美食的主播要在直播间摆放某一类美食，如图 6-8 所示；而卖太阳镜的主播则要在直播间摆放各种款式的太阳镜，如图 6-9 所示。

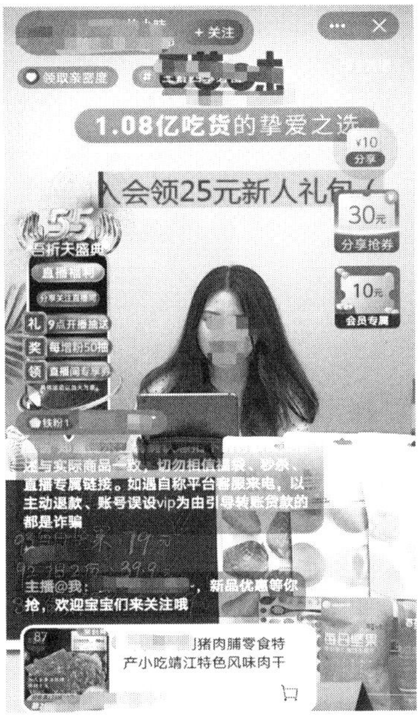

图 6-8　美食摆放

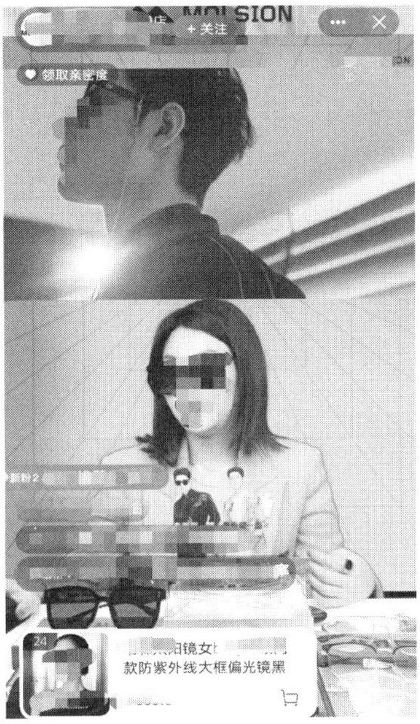

图 6-9　太阳镜摆放

二、类别摆放

这种直播间的商品展示方式，主要是通过商品品类组合，为用户打造琳琅满目、尽情选择的购物氛围，用户可以在其中选择心仪商品并购买。在某主播的直播间，该主播所卖的商品品类繁多，有凉席三件套、泡泡机、餐巾纸、沐浴露等，如同一个百货店，应有尽有，这样就给用户提供了很多选择的机会。

直播间商品可以包含常用商品、季节性商品、多种类商品等。例如，食品类的牛奶、糖果、水果、零食等；日化类的洗衣粉、洗发露、牙膏、牙刷等；还有夏天会购买的蚊香、凉鞋、拖鞋、电风扇等；同种类不同颜色、尺寸、风格和价格的商品等。货架上摆放适合小件或有明显特征的商品，可以使直播间呈现出琳琅满目的感觉，如食品、饰品、箱包、植物等，但要注意商品的摆放要整齐、整洁和干净。类别摆放可以展示更多的商品，让用户有更多的选择。

主播在进行直播时可以充分搭配商品品类。类别摆放相较于主题摆放和组合摆放多了随机性，少了无趣和固定性，主播介绍的商品如果有用户感兴趣，用户就愿意持续观看直播，直播间也可以积累一定的人气和热度。

三、组合摆放

这种直播间的商品摆放方式主要是通过强调商品与商品之间的紧密联系和搭配，来引导用户将商品组合起来下单的。

服饰类主播可以引导用户购买套装，如买了衬衫，还可以搭配裙子或外套。直播间里，主播可以先推荐短裤，再推荐并试穿衬衫，为的是让用户了解服装搭配效果，促使其购买套装。服饰套装等，需要及时收纳归整，不要随便摆放显得杂乱。

美食类主播可以把美食和制作美食的设备组合起来，如将面包和面包机组合销售，或者营造吃爆米花要喝可乐，吃牛排要喝红酒等场景，从而将这些商品组合进行销售。美食可以摆放密集一点，营造出吃播氛围，在组合摆放的同时也要求桌面的干净整洁。

美妆类主播可以在介绍眉笔时推出同色系的眼线笔，对于眼线笔难卸妆的问题可以推荐合适的眼唇卸妆液，卸妆后要使用洁面产品并且用护肤品养护皮肤，从而将这些商品进行组合销售。护肤品、化妆品可以成系列地摆放在桌面两旁，突出品牌进而营造商品的高级感。

需要注意的是，在直播间摆放商品时，尽量不要把品类相似、价格相似的商品一起陈列，这样摆放不利于用户选择并购买商品。

任务评价

1. 学生自评（见表 6-16）

表 6-16　直播商品摆放学生自评表

班级		学号		姓名	
角色	○ 组长　○ 组员		完成时间		
任务		完成情况记录			
主题摆放					
类别摆放					
组合摆放					

2. 学生互评（见表 6-17）

表 6-17　直播商品摆放学生互评表

班级		被评人学号		被评人姓名	
评价者角色		评价者学号		评价者姓名	
任务		完成情况记录			
主题摆放					
类别摆放					
组合摆放					

3. 教师评价（见表 6-18）

表 6-18　直播商品摆放教师评价表

班级		被评人学号		被评人姓名	
任务		完成情况记录			
主题摆放					
类别摆放					
组合摆放					

拓展练习

实训目的：
在实际训练中灵活运用本节所讲的直播间商品摆放的相关方法和技巧。

实训内容：
以小组为单位，结合本节所讲的直播商品摆放的方法策划一场直播营销活动。

实训要求：
根据每组所选的该类商品自行选择背景及相关道具，依照本节所学的商品摆放方法与技巧，合理布置直播间。要求至少运用主题摆放、类别摆放、组合摆放中的一种摆放方式，并且布置合理美观。

实训评价：
每组现场展示汇报后，其他组同学投票模拟直播间观众购买商品，从而评选出最佳直播营销组。

通过该实训活动，加深学生对本节所学直播商品摆放的了解，在实际运用中灵活掌握所学重点。

任务五 直播间的商品管理

任务描述

消费者很关注商品的质量，虽然很多“网红店铺”的服装销售量数据很好，但退货率和差评也很多，原因就是这些店铺中的服装虽然款式好看，但是性价比很低，常出现衣服掉色、变形等情况。因此，质量好也是一个很好的卖点。

在现场直播过程中，在商品方面经常出现设计缺陷、利用率低、个别商品销量不足等问题，这是因为主播没有按照直播需求逻辑合理地将商品细分，导致直播数据混乱。为了打破这种局面，主播一定要对直播间里的商品进行精细化的配置与管理。本任务主要讲解直播间的商品管理。

学习目标

（1）掌握直播间的商品管理；
（2）了解直播间的商品管理流程。

任务分配

每组若干组员，在组长带领下，根据教材中的内容，完成直播间的商品管理规划，做好某一场直播活动的商品管理（见表 6-19）。

表 6-19　某一场直播活动的商品管理任务分配表

班级		组号		组名	
角色	姓名	学号	任务分工		
组长					
组员					

任务准备

引导问题 1： 直播间的商品管理有哪些步骤？

引导问题 2： 直播间的商品管理有哪些重难点？

任务实施

一、直播的主题

电商直播的目的是销售，主播要规划各种直播主题，扩大和延伸直播内容。主播应该明确要向谁传达什么，以及如何传达。

做一场直播如同写一篇文章，首先要确定的就是主题。直播主题可以分为两种类型，见表 6-20。主播可以根据这两种类型对直播主题进行阶段性的规划。

表 6-20　直播主题的类型

直播主题的类型	具 体 内 容
场合主题	休闲、办公、聚会等
活动主题	上新、打折、节日等

在确定直播主题以后，主播就要根据主题来设计规划直播相应内容，如同设计文章的各个段落，因此不同的直播主题要搭配不同特性的商品。

以服装电商直播为例，搭配的两大重点分别是风格和套系，见表 6-21。

表 6-21　服装电商搭配的两大重点

搭配的重点	具 体 内 容
风格搭配	主播风格、人群风格、道具风格等
套系搭配	单品搭配、一衣多搭、配饰搭配等

只有风格统一、套系整齐，整个直播间的商品格调才会一致。

二、商品的需求规划

在确定直播主题后，主播可以通过一个简单的表格来规划商品需求，从而清晰地知道每一场直播需要配置什么特征的商品，同时可以确定辅推商品种类。表 6-22 为规划商品需求的一个例子。

表 6-22 规划商品需求

直播日期	主 题	商品数量/件	商 品 特 征	辅 推 商 品
6 月 6 日	夏日出游拍照必学穿搭	500	透气性能好，穿着舒服，色彩亮丽	凉鞋、遮阳帽、太阳镜、泳衣
6 月 7 日	遇到心动男生，打造自身魅力	1000	显瘦款、裙装为主	高跟鞋、饰品、包
6 月 8 日	9.9 元包邮“宠粉”活动（手链、项链、耳钉）	500	小巧精致、凸显气质	饰品、口红

三、商品分销的比例计划

商品分销的比例计划是细分商品配置的核心之一。在计划商品分销比例时，需要记住 3 个要素，也就是商品组合、价格区间和库存配置。合理的商品配置可以提高商品的利用程度，使商品库存消化最大化。商品配置比例的设置类型主要有两种：单品配置比例（如图 6-10 所示）和主次类目配置比例（如图 6-11 所示）。

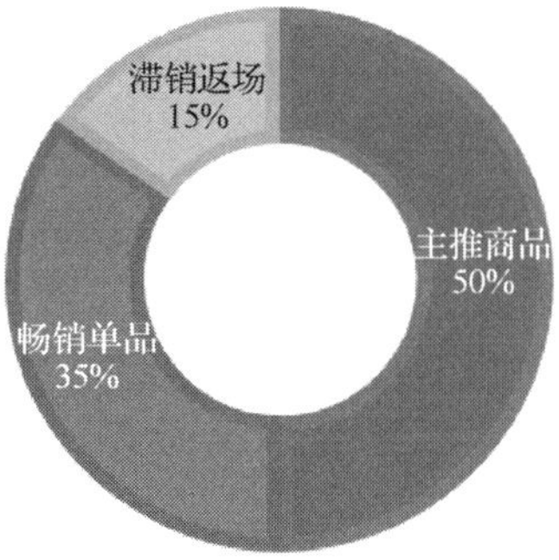

图 6-10 单品配置比例

图 6-11 主次类目配置比例

确定商品配置比例后，只要根据直播时长等条件确定每场直播的商品总数，就可以根据以上两种类型对应的配置比例做好相应数量的选品，见表 6-23。

表 6-23 规划商品需求

<table>
<tr><td rowspan="3">直播商品总数</td><td colspan="5">主类目商品 95 款</td><td>次类目商品 5 款</td></tr>
<tr><td colspan="2">主推商品 50 款</td><td colspan="2">畅销单品 35 款</td><td rowspan="2">滞销单品</td><td rowspan="3">A 款、B 款、C 款、D 款、E 款</td></tr>
<tr><td>新品数量</td><td>预留数量</td><td>新品数量</td><td>预留数量</td></tr>
<tr><td>100 款</td><td>40 款</td><td>10 款</td><td>15 款</td><td>20 款</td><td>15 款</td></tr>
</table>

四、商品持续上架

主播在规划好的商品配置比例基础上要不断更新商品。

为了保证每次直播的新鲜度，保持老粉丝的黏性，主播必须不断更新直播内容，其中商品的更新是非常重要的部分。直播过程中更新的商品总数至少要达到整个直播推荐商品总数的 50%，其中 80%是主推商品的更新，20%是畅销商品的更新。

在直播准备阶段，要分析行业数据，了解行业整体发展趋势并确定计划和营销目标，通过商品属性确定自身店铺的定位。在商品上架之前要掌握同类商品的成交、人气、点击率等变化，找出同类商品销售前几名作为学习和竞品参考。主播应对直播主题、商品需求规划、商品分销比例计划、商品价格和货量进行把握并对商品返场做好统一规划，对直播间里的商品进行精细化配置与管理。

五、商品价格和货量的把握

在确定商品需求、商品数量和更新比例的前提下，主播要进一步控制另外两个因素——价格区间和库存分配。

1. 价格区间

主播在设定价格区间时，应当按照商品的成本和其他费用增加合理利润，但价格不宜相差太大，因为用户会在购买商品时或购买后进行同类同款商品搜索比价。如果价格相差太大，则会造成用户的不信任，降低用户二次购买的可能性。在设定价格区间时，如果是同类商品，且只有颜色和属性不同，则价格差距也不宜过大。在爆款颜色或小众颜色中可选择一款作为低价福利款，在直播过程中进行销售以提升直播间人气和用户抢购氛围。

2. 库存分配

库存分配是提高直播效果及转化率的一个主要措施。库存分配的一个重要原则是“饥饿营销”，主播要根据不同单场直播的总观看人数和当前在线人数配置不同的库存数量，使直播间始终保持抢购的状态。

要想始终维持抢购状态，库存数量要一直低于在线人数的 50%。根据商品种类选择极少数库存量如 1 件、2 件、5 件等，可以使用户处于抢购氛围中，提升用户购买商品的可能性。如果条件允许的话，那么主播可以直接显示店铺库存来配合直播需求。

六、商品的返场

为了完善商品配置，更充分利用商品资源，主播必须对已售商品进行预留和返场。主播应根据商品配置情况选择至少 10%的优质直播商品作为预留和返场品，并应用到以下几个场景中。

（1）日常直播一周后，在开展的返场直播中将返场商品在新流量中转化。

（2）如果因特殊情况有些货物不能及时到位，则预留商品可以作为紧急补充。

（3）遇到节日、促销日，可以把返场商品作为活动商品重新上架。

任务评价

1. 学生自评（见表 6-24）

表 6-24　直播间的商品管理学生自评表

班级		学号		姓名	
角色	○ 组长　○ 组员		完成时间		
任务	完成情况记录				
直播的主题					
商品的需求规划					
商品分销的比例计划					
商品持续上架					
商品价格和货量的把握					
商品的返场					

2. 学生互评（见表 6-25）

表 6-25　直播间的商品管理学生互评表

班级		被评人学号		被评人姓名	
评价者角色		评价者学号		评价者姓名	
任务	完成情况记录				
直播的主题					
商品的需求规划					
商品分销的比例计划					
商品持续上架					
商品价格和货量的把握					
商品的返场					

3. 教师评价（见表 6-26）

表 6-26　直播间的商品管理教师评价表

班级		被评人学号		被评人姓名	
任务	完成情况记录				
直播的主题					
商品的需求规划					
商品分销的比例计划					
商品持续上架					
商品价格和货量的把握					
商品的返场					

拓展练习

实训目的:

在实际训练中灵活运用本节所讲的直播间的商品管理相关步骤及方法技巧。

实训内容:

以小组为单位，任选直播主题，结合本节所讲的直播间的商品管理方法，完成某一主题的商品管理规划。

实训要求:

每组依照本节所学的直播间商品管理流程与方法，完成直播的主题、商品的需求规划、商品分销的比例计划、商品持续上架、商品价格和货量的把握、商品的返场这 6 项管理内容。要求布置合理，并给出有理有据的分析。

实训评价:

每组现场展示汇报后，其他组同学进行打分，从而评选出最佳直播间营销组。

通过该实训活动，加深学生对本节所学直播间的商品管理的了解，在实际运用中灵活掌握所学重点。

项目七 直播间氛围的提升

在围绕“人、货、场”的直播带货活动中，人是核心。如果只有直播场地和直播商品，用户不来，直播也就没有了意义。直播的最终目的是销售商品，为了实现这一目的，首先要吸引用户进入直播间，将商品展示给他们，然后增强直播间的氛围，以便用户可以在热烈的互动氛围中购买。同时，主播也要善于引导用户关注自己，让用户成为忠实的粉丝，并努力维持粉丝的黏性。

任务一 直播前的预热准备

任务描述

直播前的预热可以吸引更多的用户进入直播间，从而对直播活动进行更大程度的宣传。如果预热不到位，正式直播时用户数量太少，商品的购买转化率就会非常低。直播预热是为了让用户提前了解直播的内容，这样对直播感兴趣的用户就可以在直播时及时进入直播间，从而提高直播间的在线人数。

学习目标

（1）了解直播前需要进行哪些方面的预热造势；
（2）掌握直播前预热的常用手段。

任务分配

本任务为分组任务：每组若干组员，在组长带领下，根据教材内容，归纳总结直播前的预热准备都有哪些（任务分配见表 7-1）。

表 7-1 直播前的预热准备任务分配表

<table>
<tr><td>班级</td><td></td><td>组号</td><td></td><td>组名</td><td></td></tr>
<tr><td>角色</td><td>姓名</td><td>学号</td><td colspan="3">任务分工</td></tr>
<tr><td>组长</td><td></td><td></td><td colspan="3"></td></tr>
<tr><td rowspan="7">组员</td><td></td><td></td><td colspan="3"></td></tr>
<tr><td></td><td></td><td colspan="3"></td></tr>
<tr><td></td><td></td><td colspan="3"></td></tr>
<tr><td></td><td></td><td colspan="3"></td></tr>
<tr><td></td><td></td><td colspan="3"></td></tr>
<tr><td></td><td></td><td colspan="3"></td></tr>
<tr><td></td><td></td><td colspan="3"></td></tr>
</table>

任务准备

引导问题 1：如何选择合适的直播预热时机？
引导问题 2：直播标题有哪些类型？如何撰写恰当的直播标题？
引导问题 3：直播的封面图应如何选择？

任务实施

一、选择合适的直播预热时机

许多主播发现，尽管进行了认真的准备和宣传，但直播间的用户增长并不明显，感觉自己的时间和资金都打了水漂。如果确定了自己的商品定位、直播间布置等都没有问题，则需要考虑直播预热的时机是否合适。直播预热时机与用户在社交平台上的活跃时间、预热与正式直播的间隔时间等因素息息相关。

1. 直播预热的时间

直播的人气高峰通常在晚上 7 点至 11 点，这是大多数上班族的休息时间，人们利用休息时间看直播的可能性比在工作时间看直播的可能性更高。与相对固定的直播时间不同，直播预热的时间灵活很多。短视频平台、微博、官方微信公众号等都可以成为直播预热的平台，因此主播需要关注用户在这些平台上的活动时间。

在工作日，上班族和大学生在早上更加活跃；在假日则没有明确的活动时间，并且用户倾向于整天看手机。因此，电商直播预热需要注意避免午夜休息时间和进餐时间，最好选择在用户活动时间峰值前 30 分钟，以便为用户提供更多的响应和准备时间，避免错过用户活动高峰时间。

2. 直播预热与正式直播的间隔时间

直播预热时间一般不选择休息日，这主要是为了给直播观看的活跃时间一个提前量，同样也尽量避开各类社交平台内容发布的高峰，如微信公众号、微博等平台上的创作者会在周末发布较多的文章和短视频。

当然，直播预热的提前量不能太长，否则很容易让用户遗忘；但也不能太短，否则预热效果很难呈现出来，至少要 24 小时以上。一般来说，主播要在正式直播前 1～3 天进行直播预热，如图 7-1 所示。

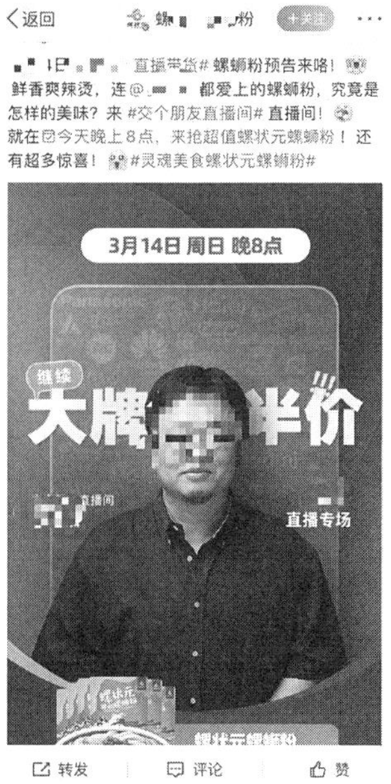

图 7-1　主播提前 1～3 天进行直播预热

网络热门信息的黄金发酵期是 2～3 天，一般热门信息会在这段时间内被大量用户看到。当热议人数达到顶点时，主播再开始正式直播，能很好地避免热度的衰退。另外，提前 3 天预热可以帮助主播准备应对突发情况的预案，可以对粉丝反响和突发热点有一个合理的缓冲。在提前做好直播预热准备的前提下，主播只需要针对突发状况进行小部分的调整即可，而不至于手忙脚乱，乱了方寸。

二、确定直播标题的类型

直播前需要确定直播标题的类型。

直播标题可大致分为 3 种类型，如图 7-16 所示。

图 7-2　直播标题的类型

1. 内容型标题

内容型标题主要体现直播推荐商品的功能和特点。例如，服装类直播会重点介绍如何搭配才能凸显身材和气质，因此可拟标题“教你如何搭配出完美夏日着装”“今夏‘最潮’穿搭”“糟糕！是心动的穿搭”等，如图 7-3 所示；美妆类直播会重点介绍新款的商品，如“国货彩妆，重新定义妆容美学”，或者介绍美妆商品的使用技巧等，如“轻松一抹，涂出好气色”。

2. 活动型标题

活动型标题大多展示直播间商品的包邮条件、折扣优惠、限时抢购信息等，这样可以通过低价或促销活动吸引大部分用户进入直播间，如“新品一折，福利发不停”“品牌折扣秒杀”等，如图 7-4 所示。

图 7-3　内容型标题

图 7-4　活动型标题

3. 福利型标题

福利型标题与活动型标题很相似，都是展示利益点，让用户心动。福利型标题的内容大多为关注有礼、随机抽奖、直播间赠送商品等，一般是为了“引流”增加粉丝，用较低的成本吸引流量，为之后的销售做好铺垫，如“关注主播，买鞋送券、送袜”“直播间指定款买一送一”等，如图 7-5 所示。

图 7-5　福利型标题

三、撰写直播标题

确定好直播标题的类型后，可以运用以下 8 种方法撰写直播标题。

1. 戳中痛点

所谓戳中痛点，就是指以用户在生活中的烦恼为核心，将商品与解决烦恼的方式联系在一起，巧妙地运用到直播标题中。只要能戳中用户的痛点，就一定会引起他们的注意。

例如，做穿搭直播的主播可以在标题中这样写：“美衣让你占中心位：想显瘦的女生一定要这样穿。”这对于想穿衣显瘦的用户来说，能使其产生观看直播的想法。而做男士护肤品推荐的主播可以在标题中写“透气不闷痘，告别口罩脸”，如图 7-6 所示，这对于皮肤敏感的用户来说有着很强的吸引力。“防水粉底”对于那些买过质量差、掉色严重粉底的用户来说非常具有吸引力，如图 7-7 所示。

图 7-6 “透气不闷痘，告别口罩脸”

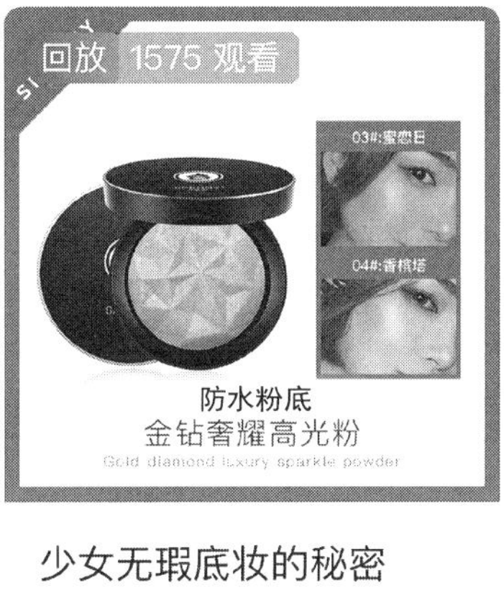

图 7-7 “防水粉底”

要想精准地戳中用户的痛点，主播就要深入挖掘用户的需求，了解他们想解决的问题，并将其与商品的功能和特色联系起来。

2. 逆向表达

一般情况下，主播肯定希望用户看到直播广告时能迅速进入直播间进行观看，接受自己的推荐，所以很多主播起的标题是“跌破底价！走过路过不要错过！”。如果大家都这样说，那么用户就会逐渐麻木，并不太容易被这样的话术吸引。因此，主播可以另辟蹊径，运用逆向思维，从另外的角度看事物，逆向表达，从而吸引用户的注意力。例如，“别点，点就省钱”，这个标题中的“别点”先引起兴趣，再告诉用户为什么，因为“点就省钱”。如果刚好是用户喜欢的商品，则用户进去观看的可能性就非常高，如图 7-8 所示。与之类似的还有“小贵，但有很多人买”等。

3. 利用好奇心

好奇是人的天性，因此主播可以合理利用人的好奇心来写标题，制造悬念，从而吸引用户的眼球，提升观看直播的兴趣。在标题中提问就是一种不错的制造悬念的方式，如图 7-9 所示。提问的作用在于强调存在的问题，而人们在发现这个问题刚好自己也存在时就会对该问题进行思考，从而进入直播间一探究竟。

4. 借势热点

有热点的地方就会有流量。大部分人都对热点话题感兴趣，所以借势热点也能增加点击率，这就是新媒体文案写作要蹭热点的原因。对于直播来说也是如此，主播可以通过在标题中借势热点来增加观看量。主播所借的热点可以是节日热点，也可以是热点事件。例如，在情人节到来之际，一些主播就抓住“情人节”这个节日热点来写直播标题，如图 7-10 所示。

图 7-8 逆向表达

图 7-9 利用好奇心

图 7-10 借势热点

5. 传达利益点

传达利益点就是给用户传达类似“不仅可以在直播间买质优价廉的商品，还可以学到实用技能，获得实用知识”这样的信息。这种方法抓住用户想从直播中满足精神层面需求的心理，如“一对一指导，精准解决问题性肌肤”“新手都可以学会的化妆技巧”等。如图 7-11 所示为化妆师在直播间教大家关于化妆护肤的知识。

6. 传递紧迫感

让标题充满紧迫感是召唤行动的一种表示方法，感受到紧迫感的用户会迅速进入直播间观看直播。例如，“福利大放送！手慢无”，这类标题迎合了用户“爱占便宜”的心理，怕错过好货或福利的用户会迫不及待地进入直播间抢购，如图 7-12 所示。

图 7-11 传达利益点

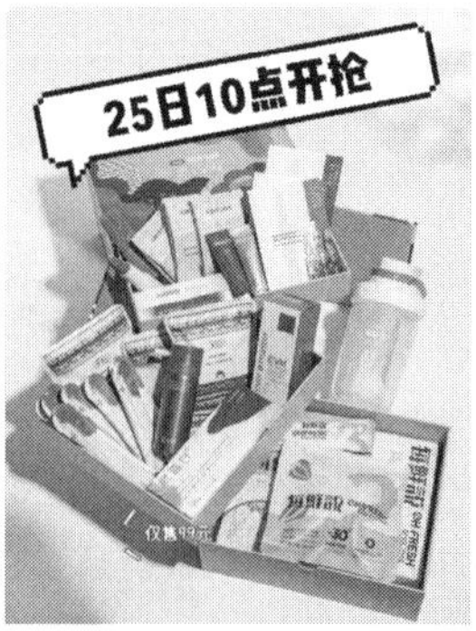

图 7-12 传递紧迫感

7. 制造娱乐效果

现在人们的生活压力很大，所以轻松幽默、带有娱乐效果的直播内容也非常受欢迎，直播标题也可以采用幽默的语言迅速吸引用户的目光，如“我这就是瘦，不接受反驳”“我这不是壮，是幸福在歌唱”等。

8. 巧借数字

在众多直播界面中，用户对单个直播标题的浏览时间往往不会超过 1 秒，要想在如此短的时间内抓住用户的眼球，主播可以巧借数字，让直播标题变得更加直观和简洁。人的大脑会筛选去除那些同质化的信息，优先识别不同的信息。而在标题中使用数字可以增强标题的辨识度，降低大脑的思考难度，从而迅速吸引用户的注意。

四、创建高质量的直播封面图

封面图是直播的门面，好的封面图可以勾起用户的观看欲望，因此封面图已经成为直播间流量高低的直接关联因素，这就要求直播封面图一定要足够吸引人。相关统计表明，精心设计了封面图的直播间，其流量要比使用默认头像的直播间大得多。

要想打造优质的直播封面图，主播在设计时要遵循以下原则。

1. 干净、清晰、整洁

封面图一定要干净、清晰、整洁，不能添加任何文字，因为直播标题已经有了文字，在封面图中再加入文字会显得杂乱无章，影响用户阅读。模糊不清的封面图也会影响用户的浏览体验，可能导致用户在看到封面图的第一眼时就离开。如图 7-13 所示的封面图就非常干净、清晰、整洁，能够给人良好的视觉体验。

图 7-13 穿搭直播封面图

2. 图片尺寸合理

直播封面图的尺寸一般为 750 像素×750 像素，不能低于 500 像素×500 像素。

3. 色彩构成合理

直播封面图的色彩要鲜艳，但不要过分华丽，只要能体现直播主题即可。坚决杜绝任何形式的“牛皮癣”，否则会影响重要内容的呈现。

4. 背景禁用白色

由于直播界面的背景本身就是白色，如果封面图的背景仍然选择白色，就会导致图片不够突出、醒目，很难吸引用户，所以封面图的背景禁用白色。

5. 封面图要考虑固定信息的展现

封面图的固定信息包括左上角的直播观看人数和右下角的点赞量，封面图的重要内容一定要避开左上角和右下角，以免与直播观看人数、点赞量等构成部分相互干扰，影响观看体验。

6. 禁用合成图

为了不影响直播整体的浏览体验，封面图要放置一张自然、简洁的图片。如果放合成图，一旦拼接得不好，就会影响视觉效果。

7. 封面图不要雷同

如果直播次数很多，直播封面图尽量不要使用同一张或极其相似的图片，这样会让用户以为内容都是相同的，从而降低直播间的点击率。

8. 符合直播主题

封面图要尽量契合直播主题，让用户在看到直播封面图时就能大概知道直播的内容是什么，并且决定要不要进入直播间。例如，直播在工厂实地看货，封面图可以选择工厂、车间等实景图；如果选择在档口直播，封面图要选择档口实拍图；如果要在直播间详细介绍商品，封面图最好不用模特或主播的人像图片，而是选择精美的商品细节图。

另外，如果直播间没有名人参与直播，就不能使用名人作为封面图；如果直播间有名人参与直播，则可以使用名人肖像作为封面图，但要提供相关的肖像使用授权文件等资料。

9. 拒绝低俗

有些主播为了博人眼球，封面图会使用一些低俗的图片，这样的图片被官方检测到后，封面就会被重置，从而降低封面的吸引力，严重者还会被封禁账号。考虑到这一点，类似内衣等贴身衣物的直播封面图一般不要出现任何人物元素，直接展示商品即可。

10. 打标要规范

在为直播封面图打标时，要根据规范打在同一位置，保持整体的一致性。标一般固定在封面图的右上角，不能移动，其最大尺寸为180像素×60像素。

任务评价

1. 学生自评（见表7-2）

表7-2　直播前预热准备学生自评表

班级		学号		姓名	
角色	○ 组长　○ 组员		完成时间		
任务		完成情况记录			
理论学习情况					
技能训练情况					

续表

任务	完成情况记录
任务完成情况	
任务创新情况	
完成任务后的收获	

2. 学生互评（见表 7-3）

表 7-3　直播前预热准备学生互评表

班级		被评人学号		被评人姓名	
评价者角色		评价者学号		评价者姓名	
任务		完成情况记录			
理论学习情况					
技能训练情况					
任务完成情况					
任务创新情况					
完成任务后的收获					

3. 教师评价（见表 7-4）

表 7-4　直播前预热准备教师评价表

班级		被评人学号		被评人姓名	
任务		完成情况记录			
理论学习情况					
技能训练情况					
任务完成情况					
任务创新情况					
完成任务后的收获					

拓展练习

实训目的：

在实际训练中灵活运用本节所讲的直播前的预热准备工作相关知识及技巧。

实训内容：

以小组为单位，任选主打商品，结合本节所讲的直播前的预热准备事项，设计打造某一商品的直播标题及直播封面。

实训要求：

根据每组所选的商品类别自行选择商品，依照本节所学的直播前预热准备的相关知识，选择本节介绍的直播标题类型中的任意一种，运用所学的撰写标题的方法，合理撰写直播标题，并依据本节所学创建高质量的直播封面图像，注意直播标题、封面应与所选商品相得益彰且有吸引力。

实训评价：

每组现场展示汇报后，其他组同学投票选择最有意向观看的直播，从而评选出最佳直播营销组。

通过该实训活动，加深学生对本节所学的直播前预热准备的了解，在实际运用中灵活掌握所学重点。

任务二 提升直播间氛围的步骤

任务描述

大多数主播在一次直播过程中要推荐数十款商品，某些直播时长较长的主播可能会推荐更多的商品，要想把这些商品都打造成“爆款”几乎是不可能的，此时主播可以合理安排商品的推荐顺序，用商品调动直播间的人气，带动销量攀升。调动直播间人气分为 4 个步骤，如图 7-14 所示。

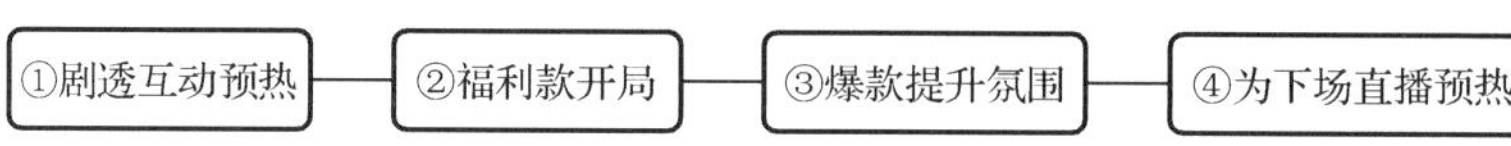

图 7-14 调动直播间人气的 4 个步骤

学习目标

了解直播开场及预热的流程与方法。

任务分配

本任务为分组任务，每组若干组员在组长带领下，根据教材中内容，快速归纳总结提升直播间氛围的步骤（见表 7-5）。

表 7-5 提升直播间氛围的步骤任务分配表

班级		组号		组名	
角色	姓名	学号	任务分工		
组长					
组员					

任务准备

引导问题 1：如何进行直播的开场预热？

引导问题 2：如何打造直播高潮？

任务实施

一、剧透互动预热

直播的开场方式会给用户带来对主播及直播间的第一印象，如果第一印象不好，用户就会立刻离开直播间，很有可能再也不会观看该主播的直播。因此，直播开场具有至关重要的作用，不管主播准备了多少直播内容，如果没有一个好的开场，就会事倍功半，甚至劳而无功。

一般来说，开始直播时观看人数较少，这时主播可以通过剧透直播商品进行预热。主播可以热情地与用户进行互动，引导其选择喜欢的商品。用回复口令进行互动的方式较快捷，直播评论区一般会形成“刷屏”之势，从而调动起直播间的气氛，为之后的直播爆发蓄能。

二、福利款开局

预热结束之后，直播间的氛围已经开始升温，主播这时可以宣布直播正式开始，并通过一些性价比较高的福利款商品继续吸引用户，激发用户互动热情，并让用户养成守候主播开播的习惯，增强用户的黏性。

福利款商品千万不能返场，销售完以后，即使用户要求返场的呼声再高，主播也不能心软，可以告诉用户第二天直播开始时仍然会有性价比超高的商品，以此提升用户的留存率。

例如，某主播在直播开场时引导用户回复口令“分享直播”参与抢购 0.1 元的包。该主播特意准备了限量低价包来给用户送福利，用户为了买到实惠的商品，纷纷在评论区留言，形成刷屏之势，使直播间的气氛迅速升温。

三、爆款提升氛围

在直播的下半场，即使观看直播的人数很多，还是会有不少用户并非主播的粉丝。为了让这些用户关注主播，成为主播的粉丝，或者让新粉丝持续关注主播，留在直播间，主播就要推出爆款商品，推荐一些超低价或物超所值的精致小商品给用户，引导用户积极互动，从而制造直播间下半场的小高潮，提升直播氛围。例如，某主播为粉丝推出了粉丝福利，新款首饰包邮免费送，条件就是点击关注，成为主播的粉丝，并踊跃互动，在评论区输入 1，倒计时 3 分钟，最后抽取幸运粉丝送出福利，如图 7-15 所示。

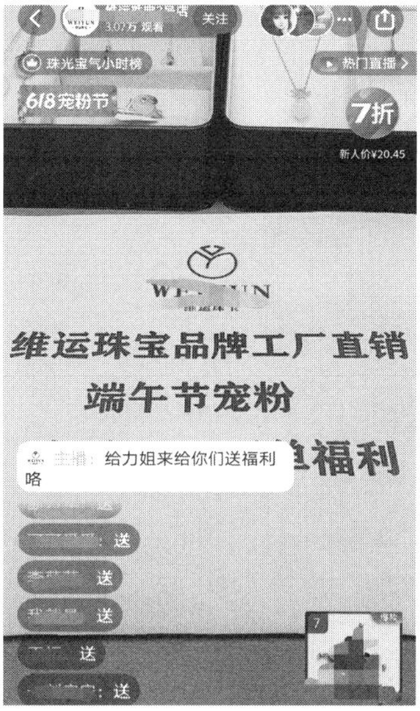

图 7-15　爆款提升氛围

四、为下场直播预热

很多主播经常忽视直播结束时的下播阶段，认为反正都要下播了，自己可以随意一些。不过，“行百里者半九十”，主播在直播结束时更不能大意，否则会让用户感受不到被重视的感觉。另外，如果主播能利用好下播阶段，则不仅可以有效提升下播时的直播场观，还能提升下次开播时的直播场观。

主播在下播时可以引导用户点赞，分享直播；使用秒杀、与用户聊天互动等方式，在下播之前再制造一个小高潮，给用户留下深刻的印象，使用户感到意犹未尽。同时，主播可以利用这一段时间为下次直播预热，简要介绍下场直播的福利和商品等。

任务评价

1. 学生自评（见表 7-6）

表 7-6　提升直播间氛围的步骤学生自评表

班级		学号		姓名	
角色	○ 组长　　○ 组员		完成时间		
任务		完成情况记录			
理论学习情况					
技能训练情况					
任务完成情况					
任务创新情况					
完成任务后的收获					

2. 学生互评（见表 7-7）

表 7-7　提升直播间氛围的步骤学生互评表

班级		被评人学号		被评人姓名	
评价者角色		评价者学号		评价者姓名	
任务		完成情况记录			
理论学习情况					
技能训练情况					
任务完成情况					
任务创新情况					
完成任务后的收获					

3. 教师评价（见表 7-8）

表 7-8　提升直播间氛围的步骤教师评价表

班级		被评人学号		被评人姓名	
任务		完成情况记录			
理论学习情况					

续表

任务	完成情况记录
技能训练情况	
任务完成情况	
任务创新情况	
完成任务后的收获	

拓展练习

实训目的：

在实际训练中灵活运用本节所讲的提升直播间氛围的步骤的相关知识与技巧。

实训内容：

以小组为单位，选定一个直播主题，模拟直播并提升氛围。

实训要求：

根据每组所选的直播主题，依照本节所学的提升直播间氛围的方法与技巧进行一场直播。要求直播过程中步骤齐全，包括互动预热、福利款开局、爆款提升氛围、为下场直播预热 4 个步骤，流程完整，安排合理。注意直播中的话术运用要合理。

实训评价：

每组现场展示商品营销活动后，其他组同学采用投票方式模拟直播间观众购买该商品，从而评选出最佳直播营销组。

通过该实训活动，加深学生对本节所学提升直播间氛围的了解，在实际运用中灵活掌握所学重点。

项目八 直播数据分析及粉丝运营

直播数据复盘是直播运营的一个重要维度，因为只盯着一场直播的销量是不够的，还要通过数据的变化情况及时总结与反思。直播数据分析是直播运营中非常关键的一个环节。主播通过数据复盘回顾并不断优化直播的整个过程，总结出直播中的各种不足，然后在下一场直播中改进，以获得更好的直播效果。

任务一　直播数据分析认知

任务描述

不管在什么行业，数据分析都是必不可少的一项技能，特别是对于互联网来说，数据可以揭示一些本质性的问题。想要知道实际原因和解决办法，都离不开数据分析。互联网平台上的直播卖货和传统电视购物卖货的一个很大区别，就是粉丝可控化和数据可视化。我们能够通过直播数据分析来衡量直播的效果。

直播数据分析是直播运营中不可或缺的一部分，要想优化直播运营效果，提高直播带货的转化率，主播就要学会深耕数据。直播数据分析的基本思路为确定直播数据分析目标、获取直播数据、处理直播数据、分析直播数据。

学习目标

（1）了解直播数据分析的基本思路；

（2）熟悉直播数据分析在实际直播中的作用；

（3）掌握各类型直播数据分析方法的特点及作用。

任务分配

本任务为分组任务，每组若干组员在组长带领下，根据教材中的内容，归纳总结直播数据分析对一位主播的重要性（见表 8-1）。

表 8-1　直播数据分析认知任务分配表

班级		组号		组名	
角色	姓名	学号	任务分工		
组长					
组员					

任务准备

引导为题 1： 如何获取直播数据？

引导问题 2： 直播数据有什么意义与价值？

引导问题 3： 直播数据分析最常用的方法有哪些？

任务实施

一、确定直播数据分析目标

为了进行直播数据分析，首先必须弄清直播数据分析的目标。通常来说，直播数据分析具有 3 个主要目标。

（1）在直播间中查找数据波动的原因。数据的增加或减少被认为是数据波动。

（2）寻找解决方案，通过数据分析优化直播内容，提高直播效果。

（3）通过数据规律推测平台算法，然后从算法出发对直播进行优化。

二、获取直播数据

开展直播数据分析首先要有足够多的有效数据，主播可以通过账号后台、平台提供的数据分析工具，以及第三方数据分析工具来获取直播数据。

1．账号后台

在主播账号后台，通常会有直播数据统计，主播可以在直播过程中或直播结束后通过账号后台获得直播数据。

以淘宝直播为例，主播可以通过淘宝 PC 端直播中控台、淘宝主播 APP 两个渠道获得直播数据。

（1）通过淘宝 PC 端直播中控台查看数据。

对正在直播中的直播间来说，主播若要查看直播实时数据，则可以在 PC 端直播中控台首页中单击“查看详细”按钮查看，如图 8-1 所示。

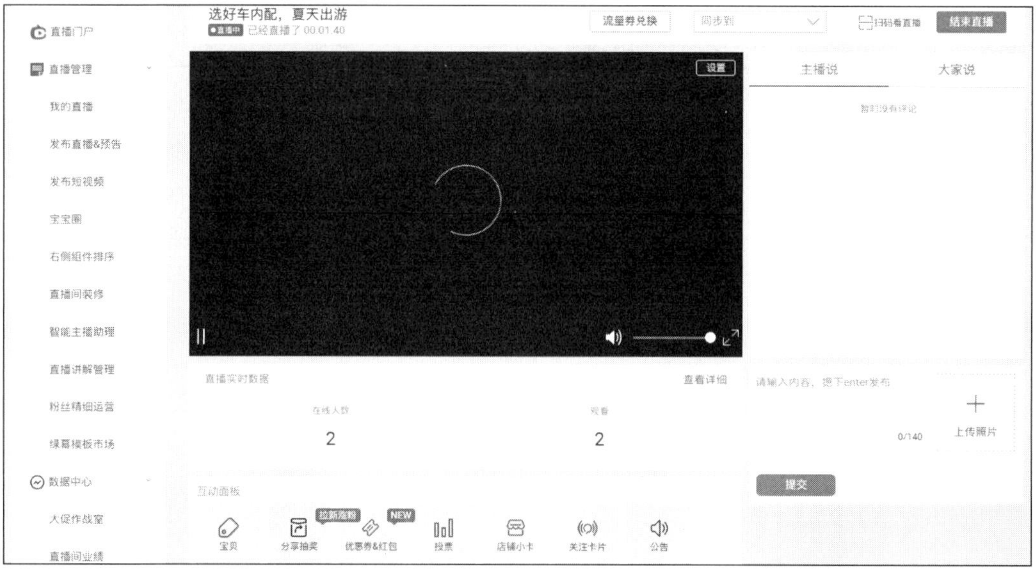

图 8-1　正在直播中的 PC 端直播中控台首页

对已经结束直播的直播间来说，主播若要查看直播数据，则可以在 PC 端直播中控台首页中依次选择“我的直播”—“某条直播回放”—“查看数据详情”选项，打开直播实时数据页面，如图 8-2 所示。还可以进入本条直播数据详情分析页面，如图 8-3 所示，在数据详情分析页面中，主播可以查看不同维度的数据，以全面掌握直播情况。

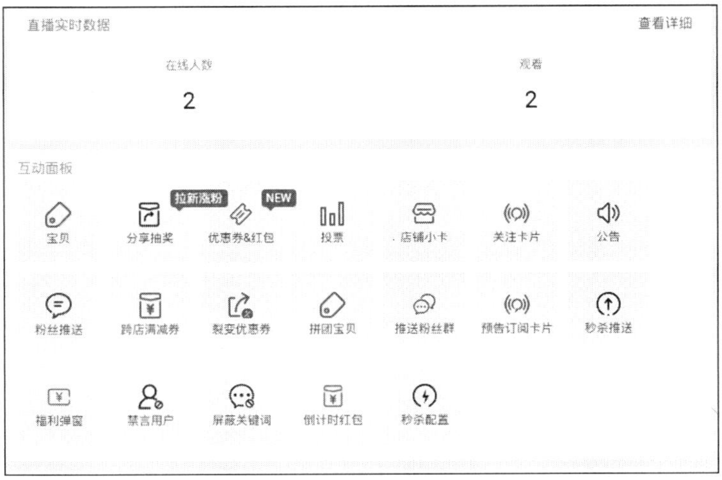

图 8-2　直播实时数据页面

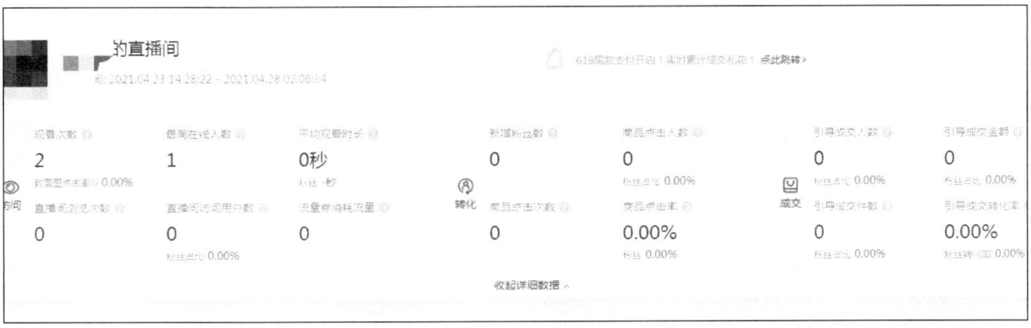

图 8-3　直播数据详情分析页面

（2）通过淘宝主播 APP 查看数据。

对于正在进行中的直播，主播向左滑动直播推流页面即可查看直播实时数据。对于已经结束的直播，主播可以在淘宝主播 APP 上登录账号，在“我的直播”页面中找到想要查看的直播，然后单击◎图标，如图 8-4 所示，即可进入本场直播的数据分析页面查看数据，如图 8-5 所示。

图 8-4　单击◎图标

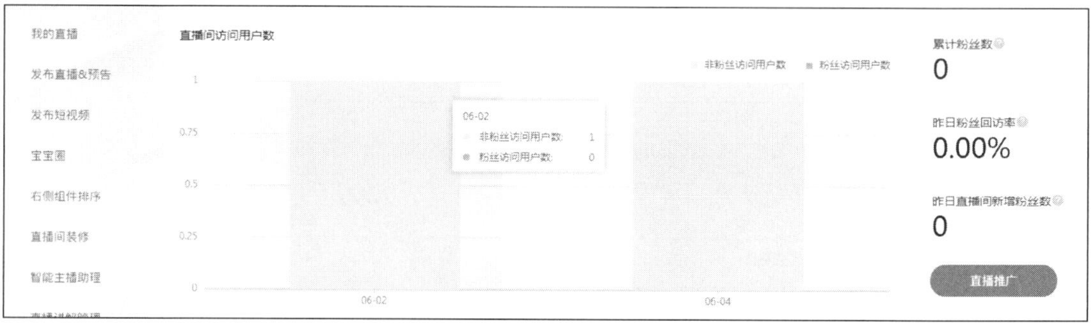

图 8-5　数据分析页面

2. 平台提供的数据分析工具

为了帮助卖家更好地运营店铺，淘宝平台为卖家提供了相关数据分析工具，如数据银行、生意参谋等，这些工具也能为卖家提供淘宝直播的相关数据。卖家可以使用这些工具了解自己店铺的直播情况。

3. 第三方数据分析工具

市场上有很多专门为用户提供直播数据分析的第三方数据分析工具，主播可以利用这些工具搜集自己需要的数据。第三方数据分析工具有很多，下面主要介绍飞瓜数据和蝉妈妈这两款数据分析工具。

（1）飞瓜数据。

飞瓜数据是一款短视频和直播电商服务平台，可以为抖音、快手和哔哩哔哩等平台上的短视频创作者和主播提供数据分析服务。以抖音直播为例，主播可以通过飞瓜数据查看抖音直播电商数据，并以此为依据进行数据分析。

抖音直播电商数据分析以“带货”为核心展开，其中涉及“人”“货”“场”这 3 个要素，也就是抖音直播的流量、商品和直播间。这 3 个要素组合起来，就带来了以下两个重要的问题。

问题一：商品适合在什么类型的直播间推广？

同一款商品在不同的直播间会有不同的转化率，要想知道同一款商品在哪些直播间更好卖，在哪些直播间不好卖，主播可以在飞瓜数据的“直播间搜索”菜单中搜索具体的商品细分品类，如“口红”，如图 8-6 所示，查看具体有哪些直播间在推广这类商品，并在直播详情页中查看这些直播间的推广策略、主推商品、推广效果等，最后进行一个总结，以作参考。

问题二：主播应该推广什么类型的商品？

通常情况下，美妆、穿搭类主播的直播间推广方向很明确，大多是美妆、服装、时尚商品。那么搞笑、音乐、教育类的主播在直播间推广什么商品比较合适呢？这时，主播可以结合账号的粉丝画像和商品的用户画像进行选品，也可以查看最近哪些商品在直播间有较好的推广效果，或者参考同类型主播在直播间推广商品的品类，从而找到可以满足粉丝需求的商品。

主播在抖音直播时，要重点关注几个数据指标。这些数据指标是制定直播优化策略的关键，通过分析这些数据指标，主播可以在提升直播转化率时更加得心应手。

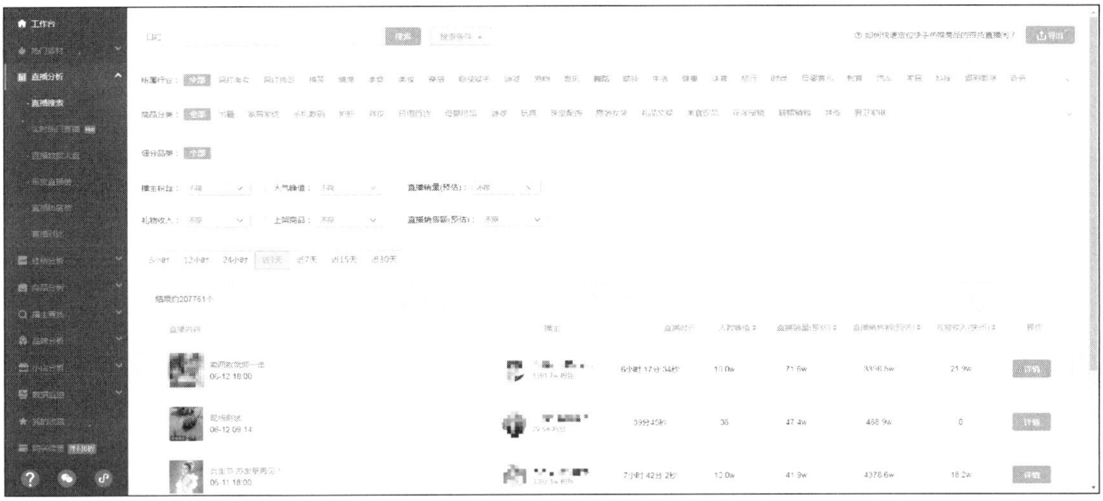

图 8-6　直播间搜索

① 直播销售额。

直播销售额最能直观地体现出主播的直播带货能力，但需要对某一段时间内的数据走向进行综合分析。

飞瓜数据可以监测抖音直播账号近 30 天的直播带货数据，主播可以根据每场直播的预估销量和销售额来判断某段时间内直播带货效果的稳定性，如图 8-7 所示。当发现数据有下滑趋势时，主播要及时找出原因，尽快调整直播运营策略，以提升直播带货销售额，保证直播带货效果的稳定性。

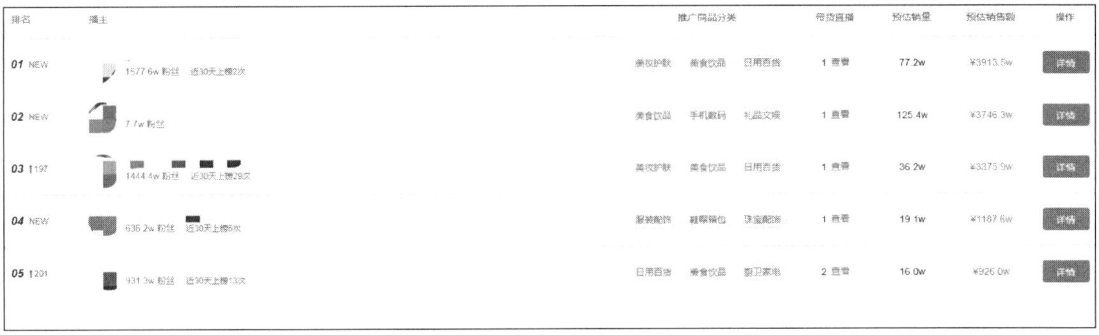

图 8-7　直播带货数据

② 正在购买人数。

直播时，用户如果对主播推荐的商品感兴趣，大多会单击购物车查看商品详情，而用户的这一操作可以体现在直播中的“正在购买人数”弹幕上。

主播可以单击飞瓜数据的“直播监控”选项按钮，如图 8-8 所示，查看直播间的正在购买人数趋势图，清楚地了解哪款商品购买人数较多，从而找到推广重点。

③ 直播用户留存率。

用户在直播间停留的时间越长，说明直播间的人气越高，商品或直播内容越有吸引力。随着直播间人气的不断提升，系统会把直播间推荐给更多的用户，这与抖音短视频的推荐机制很相似。因此，要想留住直播间里的用户，提升直播用户留存率，主播就要多推荐物美价廉的优质商品，同时在直播间里积极与用户互动，营造热闹的购物氛围。

图 8-8　直播监控

④ 用户画像数据。

直播带货要基于直播间用户的需求展开，而直播间用户的需求可以通过用户画像数据来分析。直播间的用户画像数据主要包括年龄、性别、星座、地域等，只要掌握了这些数据，不管是选品，还是优化直播间，主播都可以迅速找到切入点，如图 8-9 所示。

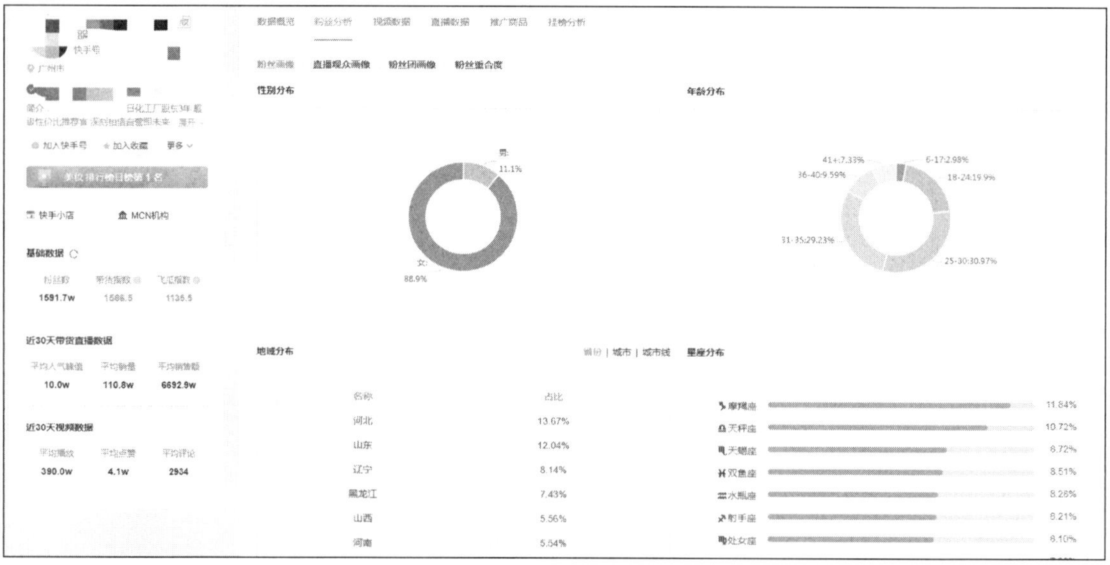

图 8-9　用户画像数据

⑤ 直播互动数据。

直播互动数据的主要反映形式是弹幕词，如图 8-10 所示。主播通过弹幕词的分析可以看出用户都喜欢聊什么，对哪些商品的兴趣较大，从而发现用户的购买倾向和主要需求。这样当下次直播时，主播就可以准备更多的相关话题，以活跃直播间的氛围，或者在直播中对用户感兴趣的商品持续推广。

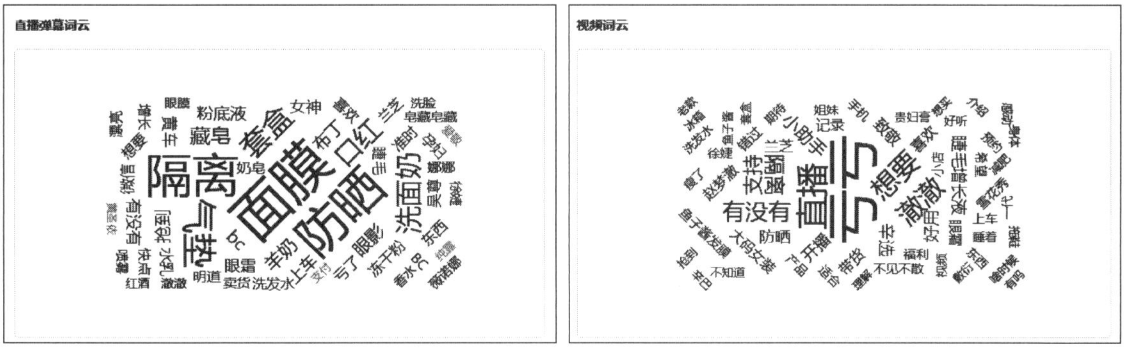

图 8-10　直播互动数据

（2）蝉妈妈。

蝉妈妈基于强大的数据分析、品牌营销及服务能力，致力于帮助国内众多的达人、机构和商家提升效率，实现精准营销。蝉妈妈提供短视频、直播全网大数据开发平台，依托专业的数据挖掘与分析能力，构建多维数据算法模型，通过数据查询、商品分析、舆情洞察、用户画像研究、视频监控、数据研究、短视频小工具管理等服务，提供电商带货一站式解决方案。

以直播榜数据为例，蝉妈妈能够提供精准的直播间数据详情，包含直播间人数和人气趋势、送礼人数、商品销售额与销量等，具体的还有今日直播榜、达人带货榜、直播商品榜、直播分享榜等，如图 8-11 所示。

图 8-11　蝉妈妈直播榜单

带货主播可以重点参考今日直播榜、达人带货榜、直播商品榜，根据榜单的详细数据，可以清楚地知道在什么时间、选择什么商品才能更有效地触达潜在用户。

今日直播榜又分为带货小时榜、直播实时热榜和抖音官方小时榜 3 个细分榜单，主播可以在每个细分榜单下选择与自己相关的垂直领域，按照直播销售额、直播销量、带货热度、粉丝数等维度排序，查看相应的榜单，如图 8-12 所示。

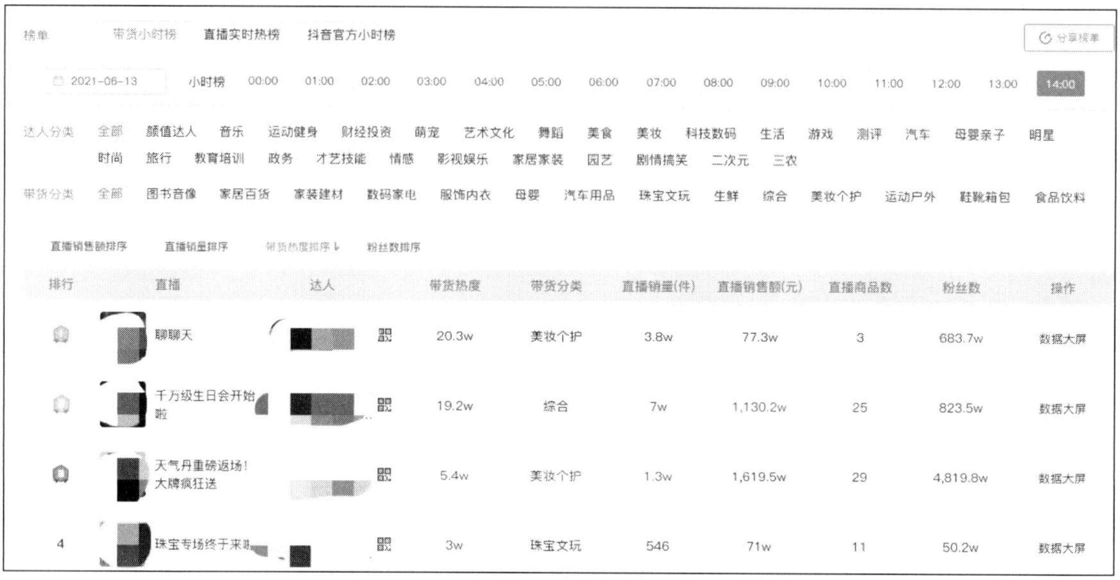

图 8-12　今日直播榜

达人带货榜主要反映的是昨日及以前的带货数据排行，主播可以查看日榜、周榜和月榜，并根据直播销售额、直播销量或销售客单价等维度排序，如图 8-13 所示。在达人详情页中，主播可以看到直播达人的各项直播数据，如图 8-14 所示。

图 8-13　达人带货榜

直播商品榜主要反映的是昨日及以前的商品销量、销售额排行，排序维度还包括价格、佣金比例、关联直播等；主播还可以筛选电商平台，包括淘宝、天猫、京东、严选等。

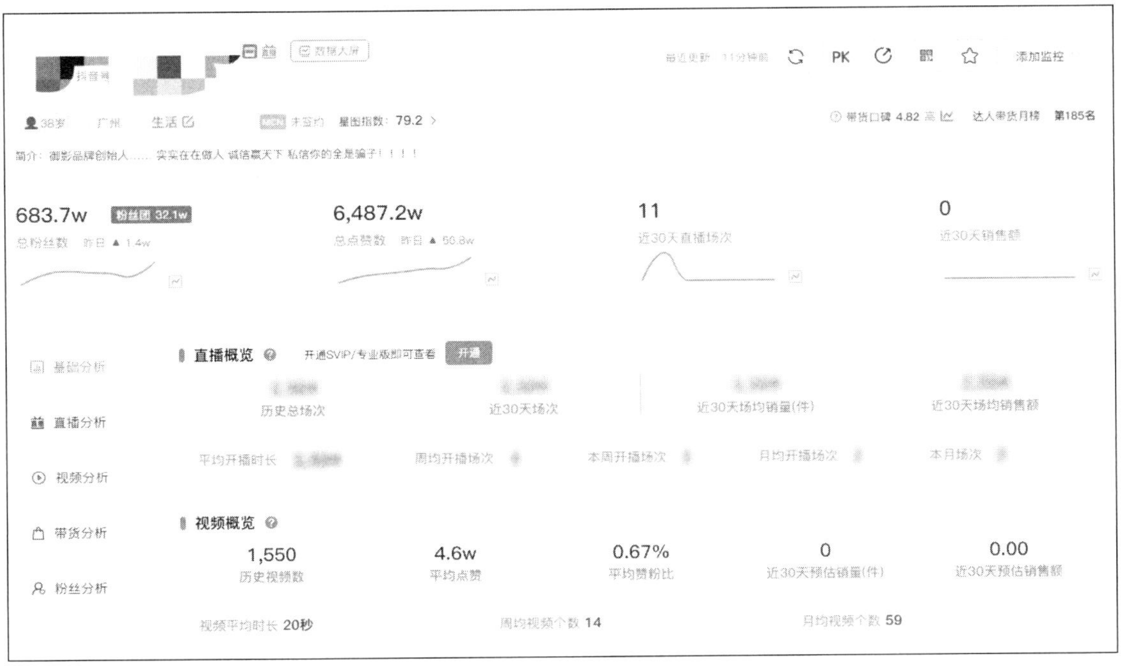

图 8-14　达人详请页

直播数据分析是直播电商运营的重要工作之一，主播可以运用蝉妈妈等数据平台，根据数据在短时间内分析、预测用户的购买需求，在激烈的直播带货竞争中快速、精准地抓住用户的注意力，提升其购买欲，从而构建自己的核心竞争力。

三、处理直播数据

处理直播数据是指将搜集来的数据进行排查、修正和加工，便于后续分析。通常来说，处理直播数据包括两个环节，即数据修正和数据计算。

1. 数据修正

无论是从主播账号后台抓取的数据、第三方数据分析工具上下载的数据，还是人工统计的数据，都有可能出现错误，因此需要对搜集来的数据进行排查，发现异常数据，然后对其进行修正，以保证数据的准确性和有效性，从而保证数据分析结果的科学性和可参考性。

例如，在搜集的原始数据中，某一天某款商品的“直播销量”为“0”，而通过查看店铺销售记录证实当天该款商品在直播中是有销量的，所以“0”就是一个错误值，需要对其进行修正。

2. 数据计算

通过数据修正，确保了数据的准确性以后，主播可以根据数据分析目标对数据进行计算，以获得更丰富的数据信息，激发改进思路。数据计算包括数据求和、平均数计算、比例计算、趋势分析等。为了提高工作效率，主播可以使用 Excel 的相关功能对数据进行计算。

四、分析直播数据

在完成直播数据的获取与处理后，接下来就要分析直播数据了，目前最常用的分析方法是对比分析法和特殊事件分析法。

1. 对比分析法

对比分析法又称比较分析法，是将两个或两个以上的数据进行对比，并分析数据之间的差异，从而找到其背后隐藏的规律。在对比分析中，又包括同比分析、环比分析和定基比分析。

（1）同比分析：一般情况下是指今年第 n 月与去年第 n 月销售数据之比。

（2）环比分析：指报告期水平与其前一期水平之比。

（3）定基比分析：指报告期水平与某一固定时期水平之比。

通过对比分析，主播可以找出异常数据。异常数据并非表现差的数据，而是指偏离平均值较大的数据。例如，某主播每场直播的新增用户数大致在 50～100 人，但某一场直播的新增用户数达到 200 人，新增用户数与之前相比偏差较大，因此属于异常数据，主播需要对此数据进行仔细分析，查找出现异常数据的原因。

2. 特殊事件分析法

直播数据出现异常可能与某个特殊事件有关，如淘宝直播首页或频道改版、主播变更直播标签、主播变更开播时间段等，因此主播在记录日常数据的同时，也要注意记录这些特殊事件，以便于在直播数据出现异常时，找到数据变化与特殊事件之间的关系。

任务评价

1. 学生自评（见表 8-2）

表 8-2　直播数据分析认知学生自评表

班级		学号		姓名	
角色	○ 组长　○ 组员		完成时间		
任务	完成情况记录				
确定直播数据分析目标					
获取直播数据					
处理直播数据					
分析直播数据					
完成任务后的收获					

2. 学生互评（见表 8-3）

表 8-3 直播数据分析认知学生互评表

班级		被评人学号		被评人姓名	
评价者角色		评价者学号		评价者姓名	
任务		完成情况记录			
确定直播数据分析目标					
获取直播数据					
处理直播数据					
分析直播数据					
完成任务后的收获					

3. 教师评价（见表 8-4）

表 8-4 直播数据分析认知教师评价表

班级		被评人学号		被评人姓名	
任务		完成情况记录			
确定直播数据分析目标					
获取直播数据					
处理直播数据					
分析直播数据					
完成任务后的收获					

拓展练习

实训目的：

在实际训练中灵活运用本节所讲的直播数据分析认知的知识。

实训内容：

以小组为单位，结合本节所讲的直播数据分析认知的要点，共同完成对某一主播的直播数据分析。

实训要求：

每组依照本节所学的直播数据分析方法与技巧，确定直播数据分析目标、获取直播数据、对直播数据进行处理及分析。要求直播数据真实有效，合理处理直播数据，并进行细致分析。注意分析应有理有据，具有逻辑性和参考价值。

实训评价：

每组现场展示汇报后，其他组同学总结所学所获。

通过该实训活动，加深学生对本节所学直播数据分析的了解，在实际运用中灵活掌握所学重点。

任务二 直播数据分析的指标

任务描述

在直播数据复盘的过程中，主播必须进行直播数据分析，在回顾直播流程时用数据量化地总结直播表现。主播在直播间的后续操作有很大一部分要通过数据指引方向，主播可以通过分析数据来制定相应的执行方案并测试，以优化直播数据。

学习目标

（1）熟悉直播数据分析的常用指标类型；
（2）掌握各类直播数据分析指标的概念与特性；
（3）了解 3 个直播转化数据指标。

任务分配

本任务为分组任务：每组若干组员，在组长带领下，根据教材中的内容，归纳总结直播数据分析的指标（见表 8-5）。

表 8-5 直播数据分析的指标任务分配表

班级		拍摄商品	
组员	姓名	学号	任务分工

任务准备

引导问题 1： 直播流量数据指标和直播转化数据指标有何区别？
引导问题 2： 如何提高直播转化数据的指标？

任务实施

以抖音直播为例，直播数据分析的常用指标包括粉丝画像数据指标、直播流量数据指标、直播互动数据指标、直播转化数据指标 4 类。下面以第三方数据分析工具“蝉妈妈”为例介绍抖音直播数据分析的常用指标。

一、粉丝画像数据指标

粉丝画像数据指标包括粉丝的性别分布、年龄分布、地域分布、活跃时间分布、粉丝来源等。如图 8-15 所示为抖音某主播的粉丝性别分布、年龄分布分析，如图 8-16 所示为该主播的粉丝活跃时间分布分析。

图 8-15　粉丝性别分布、年龄分布分析

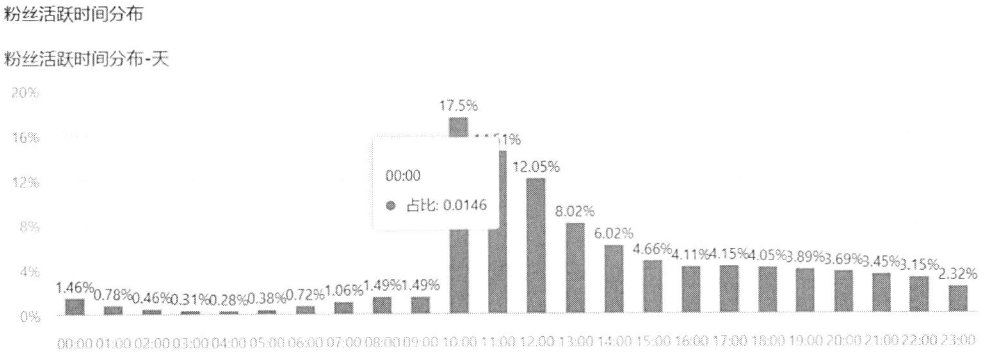

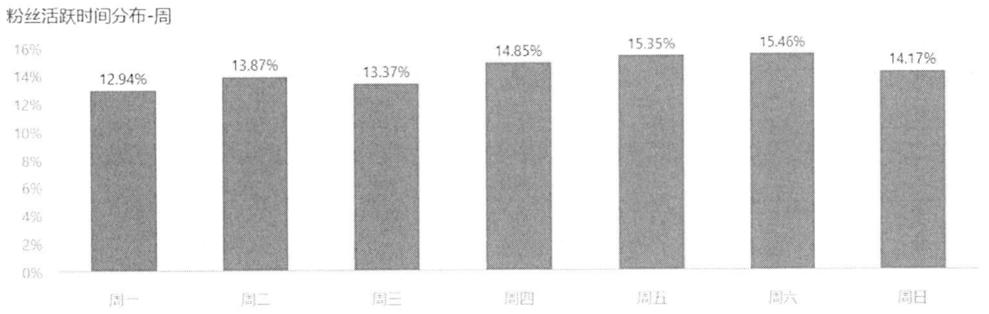

图 8-16　粉丝活跃时间分布分析

通过性别分布比例可以看出，该主播的直播间粉丝中，女性占多数；在年龄分布上，18～24 岁和 25～30 岁的粉丝占比较高，他们的消费能力也普遍较高；在粉丝活跃时间分布上，粉丝在周五、周六两天的活跃度比较高。

二、直播流量数据指标

直播流量数据指标主要包括 4 项，如图 8-17 所示。

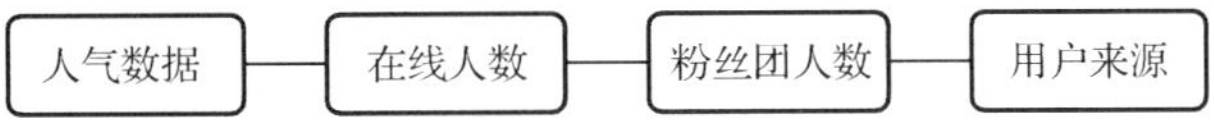

图 8-17　直播流量数据指标

1. 人气数据

人气数据包括累计观看人数、人气峰值、平均在线人数、本场音浪、累计点赞、“涨粉”人数、“转粉率”和送礼人数等。其中，“转粉率”可以根据公式（直播过程“涨粉”人数÷累计观看人数）得出。如图 8-18 所示为某直播间的人气数据。

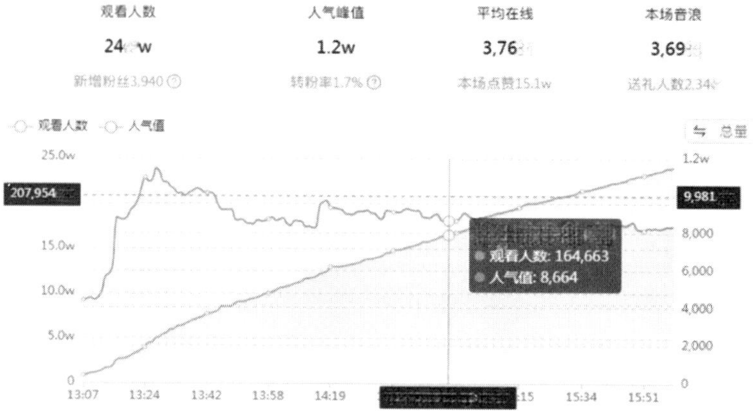

图 8-18　人气数据

2. 在线人数

在线人数包括累计观看人数、人气峰值和出现时间，如图 8-19 所示。出现时间指的是人气峰值的出现时间。

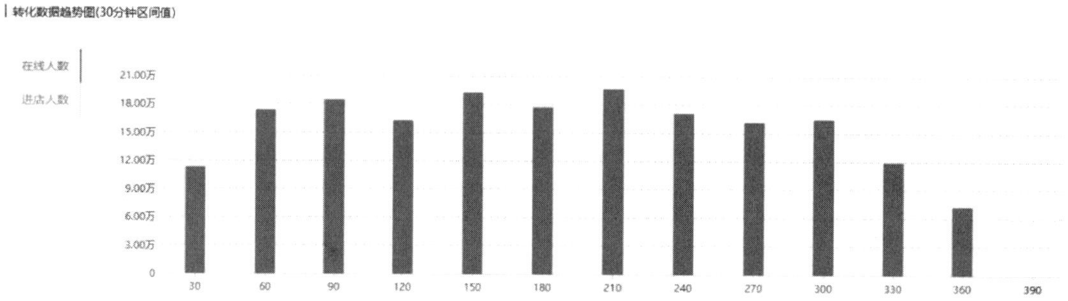

图 8-19　在线人数

3. 粉丝团人数

粉丝团人数包括本场新增粉丝团、粉丝团增量峰值和出现时间。主播可以巧妙地运用优化技巧来提高直播间的流量，方法如下。

（1）提升玩法，多上一些“引流”款商品。

（2）主播在推荐商品时，要提升自己的引导力、感染力和亲和力。

（3）商品的类目、性价比、价格要与目标用户相匹配。

（4）改善直播间的布景，提升用户的观看体验。

4. 用户来源

用户来源指的是最终进行购买活动的用户组成及用户从哪一种平台引流而来。用户来源分析对后期进一步的引流及信息投放有较高的参考价值。

三、直播互动数据指标

直播互动数据指标主要是弹幕热词。弹幕热词又称弹幕词云，词云是指通过形成关键词云层或关键词渲染，对网络中出现频率较高的关键词进行视觉上的突出显示，它过滤了大量文本信息，使浏览者可以一眼看到文本主旨。

在直播带货过程中，用户评论中出现次数最多的关键词会突出显示，反映在弹幕热词中，主播可以直观地看到用户互动频率最高的内容，并据此做出相应的调整。

弹幕热词数据包括弹幕总数、弹幕人数和用户互动率。用户互动率可以根据公式（弹幕人数÷累计观看人数）得出。

四、直播转化数据指标

直播转化数据指标主要有 3 个，如图 8-20 所示。

图 8-20　直播转化数据指标

1. 浏览互动数据

浏览互动数据包括商品展示次数和商品单击次数。

（1）商品展示次数：指商品展示给用户的次数，直播间的弹窗、用户单击进入购物袋或购物车浏览商品都算作商品展示。

（2）商品单击次数：指用户实际单击商品的次数，也就是说，用户要进入商品详情页查看。

例如，若某款商品的展示次数为 1800，但单击次数为 0，则说明用户只浏览到商品链接，并未单击进入商品详情页查看，由此推测，直播间内主播的引导力和商品吸引力是不足的，更深层次的原因可能是主播账号的用户定位与直播商品不契合。

2. 引导转化数据

引导转化数据包括商品详情页访问次数和“我的橱窗”访问次数。假如商品详情页访问次数为 10，订单量为 3，则说明购买转化率为 30%，这是一个比较高的转化率，可见商品对点击进来的用户有很强的吸引力。

3. 直播带货数据

直播带货数据包括本场销售额、订单量等，如图 8-21 所示。

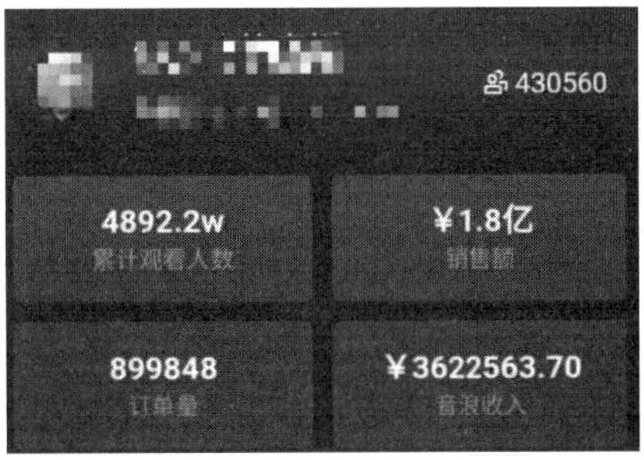

图 8-21　直播带货数据

要想增加直播间的商品点击次数，优化商品转化数据，主播可以参考以下方法。

（1）丰富商品，给用户更多选择的余地。

（2）主播在引导时要多强调商品的优势，如价格、促销活动等。

（3）从浏览商品详情页到下单的过程是由用户自己做出决策的，所以主播要尽量缩短下单流程。

任务评价

1. 学生自评（见表 8-6）

表 8-6　直播数据分析的指标学生自评表

班级		学号		姓名	
角色	○ 组长　○ 组员		完成时间		
任务	完成情况记录				
粉丝画像数据指标					
直播流量数据指标					
直播互动数据指标					
直播转化数据指标					
完成任务后的收获					

2. 学生互评（见表 8-7）

表 8-7　直播数据分析的指标学生互评表

班级		被评人学号		被评人姓名	
评价者角色		评价者学号		评价者姓名	
任务	完成情况记录				
粉丝画像数据指标					
直播流量数据指标					
直播互动数据指标					
直播转化数据指标					
完成任务后的收获					

3. 教师评价（见表 8-8）

表 8-8　直播数据分析的指标教师评价表

班级		被评人学号		被评人姓名	
任务	完成情况记录				
粉丝画像数据指标					
直播流量数据指标					
直播互动数据指标					
直播转化数据指标					
完成任务后的收获					

拓展练习

实训目的：

在实际训练中灵活运用本节所讲的直播数据分析的指标的相关知识。

实训内容：

收集一位主播的直播数据，运用数据分析的常用指标进行分析，并给出合理的直播建议。

实训要求：

每组依照数据分析的指标知识，确定分析目标、获取直播数据、从粉丝画像数据指标、直播流量数据指标、直播互动数据指标、直播转化数据指标这 4 方面对直播数据进行处理及分析。要求直播数据真实有效，合理处理直播数据，并进行细致分析。注意分析应有理有据，具有逻辑性和参考价值。

实训评价：

每组现场展示汇报后，其他组同学总结所学所获。

通过该实训活动，加深学生对本节所学直播数据分析指标的了解，在实际运用中灵活掌握所学重点。

任务三　粉丝运营

任务描述

近两年“粉丝经济”大行其道，特别是微信直播火爆之后，直播推动了粉丝经济的普及和发展。对于圈内人士，微信上的好友数量是衡量其能力的重根指标；对于企业，微信公众号是其实力的象征之一。

对于主播来说，无论是吸粉能力，还是粉丝的黏性都非常重要。而吸粉和增加粉丝黏性又都属于粉丝运营的一部分，因此，大多数主播对粉丝运营都比较重视。

学习目标

（1）了解不同类型粉丝的心理；

（2）熟悉增加粉丝黏性的方法。

任务分配

本任务为分组任务：每组若干组员，在组长带领下，根据教材中的内容，归纳总结粉丝运营的重要性（见表 8-9）。

表 8-9 粉丝运营任务分配表

班级		组号		组名	
角色	姓名	学号	任务分工		
组长					
组员					

任务准备

引导问题 1： 如何掌握不同类型粉丝的心理？

引导问题 2： 如何增加粉丝的黏性？

任务实施

一、不同类型粉丝的心理

不同类型粉丝的心理是不一样的。为什么要知道粉丝的心理特征呢？

例如，你跟一个宝妈类的粉丝去聊天，如果你不知道她的心理特征，那么你不好选择聊天话题。如果选择你擅长的话题，那么问题就来了，你擅长的不一定是别人想听的。所以了解各类粉丝的心理特征最大的作用就是直接切入他们的内心，了解他们的痛点。知道他们喜欢聊什么了，聊他们喜欢的话题，他们才会愿意跟你进一步聊下去。

聊得多了，你们的关系也就升华了，他才会信任你，你才有机会吸粉或固粉。

1. 宝妈类粉丝心理

首先是孩子，这个话题最有可能被提到。例如，你家娃多大啊，长这么高吃什么奶粉啊，用的什么纸尿裤啊……这些都是宝妈聊孩子时的话题。

其次可能会聊到家庭。例如，工作是什么，在哪里上班，家里老人有没有帮忙带孩子等家常。通过这些点切入宝妈的话题就很简单，不管她们聊什么，你只要说一句，其实我之前也用这个牌子的，就很容易进入圈子。

2. 学生类粉丝心理

大学生，除了那种专业性比较强的，基本上刚性需求不多，有很强的新鲜事物接受能力和学习能力。大学生在生活上大多数都是需要家里供应的，生活费一般不会很高。平时的圈子也就是同学和家人，聊的最多的是学习和生活类话题。例如，复习怎么样，作业做完没有，休息去哪玩。他们之间的话题较少涉及金钱，毕竟大家都是学生，几乎没有收入。

3. 白领类粉丝心理

白领收入还算稳定，日常的生活圈子也比较固定。白领之间聊的最多的，可能是一些热点新闻和生活琐事。

二、增加粉丝的黏性

1. 什么是粉丝黏性

粉丝黏性是指，粉丝关注主播后，该主播发布的内容、更新的动态、进行的直播，其中绝大多数粉丝都会打开浏览，会参与点赞、评论，与主播互动甚至转发，进而对主播下一次的内容更新产生兴趣，从而形成良性循环。

2. 为什么需要粉丝黏性

与传统行业的用户忠诚度相比，在互联网自媒体的世界，粉丝的忠诚度很弱。在传统行业，如金融业和航空业，用户在使用某些品牌的商品或服务后，会形成实际和心理上的依赖，放弃关联会有较高的转换成本和门槛。而在自媒体行业，取消和主播的关联，往往只需要手指一个动作。

目前，直播运营的同质化日趋严重，缺乏差异化的独特内容。当人们关注的直播号越来越多的时候，每个直播号想要脱颖而出，都不是一件容易的事情，我们的注意力要从拉新转向留存。

粉丝黏性约等于持续打开率。若一个 20 万粉丝的主播，其直播间观看量为 10 万，一个 60 万粉丝的主播，其直播间观看量为 15 万，则通过对比可知，前者可能持续涨粉，而后者可能粉丝流失。

3. 如何产生粉丝黏性

（1）内容垂直度高。

假如你是美妆类直播间的主播，某天你进行了数码类商品的直播，由于两类商品差异过大，面向观众群体定位也有所不同，原先的粉丝就会因为对数码类商品不感兴趣或因为未观看到自己期待的内容而失望，一部分人就会取消关注。因此发布垂直度高的内容是让你的粉丝不取消关注的第一大要素。

（2）了解粉丝习性。

一个成熟的主播会主动研究粉丝的习性。例如，粉丝观看你发布的内容的时间段、粉丝画像、性别、所处年龄阶段、职业、消费层次等，以及发布什么类型的内容会吸引粉丝在评论区留言或转发。对症下药是增加粉丝忠诚度的关键，也是让粉丝感受到主播真诚的一大要素。

（3）原创加专业。

不论是粉丝还是未关注的“路人”，都会喜欢最新奇的、最前沿的、最独特的、最“干货”的内容，所以抄袭不会带来长久的发展，原创才是留住粉丝的法宝。新奇的直播话术、紧跟时事的原创直播内容、别具一格的直播技巧，才能帮助你在粉丝心中树立不可替代的形象。

（4）与粉丝双向互动。

虽然关注只是用户表达对主播喜爱的一种方式，大部分关注你的用户，也不会要求你进行互关。但是，如果用户关注了你之后，你进行了互关，那么用户就会觉得自己得到了重视。在这种情况下，那些互关的粉丝就会更愿意持续关注你的账号。

粉丝希望你感觉到他的存在。主播不应只是单方面的接受，每个粉丝个体都需要有存在感，接粉丝的“梗”，对粉丝的观点给予回应，都是给粉丝心理带来归属感的直播技巧。

对粉丝的互动行为进行奖励，粉丝观看直播、发送弹幕或评论、甚至赠送礼物，都应该给予不同的激励和奖励，这是对粉丝行为的认可，也会带来一传十、十传百的效应。

任务评价

1. 学生自评（见表 8-10）

表 8-10　粉丝运营学生自评表

班级		学号		姓名	
角色	○ 组长　○ 组员		完成时间		
任务	完成情况记录				
不同类型粉丝的心理					
增加粉丝黏性					
完成任务后的收获					

2. 学生互评（见表 8-11）

表 8-11　粉丝运营学生互评表

班级		被评人学号		被评人姓名	
评价者角色		评价者学号		评价者姓名	
任务	完成情况记录				
不同类型粉丝的心理					
增加粉丝黏性					
完成任务后的收获					

3. 教师评价（见表 8-12）

表 8-12　粉丝运营教师评价表

班级		被评人学号		被评人姓名	
任务	完成情况记录				
不同类型粉丝的心理					
增加粉丝黏性					
完成任务后的收获					

拓展练习

实训目的：

在实际训练中灵活运用本节所讲的粉丝运营相关知识。

实训内容：

举例说明你最喜欢的一名主播在吸粉和增加粉丝黏性方面有哪些可取之处。

实训要求：

每组依照本节所学，确定分析目标、获取直播数据，分析粉丝类型及心理，举例说明主播吸粉、增加粉丝黏性的具体举措。要求直播数据真实有效，合理处理直播数据，并进行细致分析。注意分析应有理有据，具有逻辑性和参考价值。

实训评价：

每组现场展示汇报后，其他组同学总结所学所获。

通过该实训活动，加深学生对本节所学粉丝运营的了解，在实际运用中灵活掌握所学重点。

项目九
淘宝直播运营与案例分析

淘宝直播是阿里巴巴网络技术有限公司推出的面向消费者的直播平台，也是新零售时代体量巨大、消费量与日俱增的新型购物场景，更是千万商家店铺运营、互动、营销的利器。相关数据显示，淘宝直播带动的商品成交额已经连续 3 年增长超过 150%。随着商家、主播、消费者对淘宝直播的全面拥抱，直播电商内、外部发展条件逐渐成熟，淘宝直播将促进电商经济持续增长。

任务一　淘宝平台认知

任务描述

新型冠状病毒肺炎疫情使得无数中小型实体企业停业，损失惨重，甚至面临倒闭的危机。而在这场突如其来的疫情中，无论是电商还是新零售领域，直播都为卖货发挥了至关重要的作用，直播带货已经变成全民参与的主流卖货形式。

在众多的直播平台中，淘宝直播可以称为最典型的电商直播。淘宝直播中的特色电商内容也精彩纷呈，令人眼花缭乱。本节将详细介绍淘宝直播的相关内容。

学习目标

（1）了解淘宝平台的入驻方法；

（2）掌握淘宝平台的优缺点；

（3）运营好淘宝直播的关键。

任务分配

本任务为分组任务：每组若干组员在组长带领下，根据教材中的举例说明，归纳总结如何快速认知淘宝平台（见表 9-1）。

表 9-1　淘宝平台认知任务分配表

班级		组号		组名	
角色	姓名	学号	任务分工		
组长					
组员					

任务准备

引导问题 1：淘宝平台具备哪些基本特征？

引导问题 2：淘宝直播具备哪些特征，与其他平台直播有何不同？

引导问题 3：淘宝直播的流量分配具备哪些规则？

任务实施

一、淘宝平台的基本特征

淘宝平台有以下基本特征：

1. 早期营销

首先淘宝在小网站上投放广告，告知消费者有这样的 C2C 电子商务网站。其次随着知名度的提升，开始与其他门户网站组建战略联盟，通过传媒进行市场宣传，进一步提高了知名度。

2. 网站质量

淘宝平台的网站界面设计是一个不断改进和创新的过程，面对用户不理解的问题，可以通过客户服务中心页面寻找解决方案，同时淘宝虚拟社区的成功也提升了消费者的信心。

3. 免费优势

2003 年淘宝网成立之初，以三年“免费”牌迅速开拓中国 C2C 市场，仅用三年时间就取代易趣成为中国 C2C 市场的佼佼者。

4. 信用体系

如果淘宝发现用户注册信息的主要内容为虚假的，就可随时终止与用户的服务合同。利用网络信息共享，建立公开透明的信用评级体系。

5. 交易平台

为解决 C2C 网站的支付问题，淘宝打造了支付宝服务技术平台。支付宝的上线，解决了买家先付款害怕收不到购买的商品或收到不符的劣质商品的担忧，也打消了商家先发货却得不到钱的顾虑。

6. 安全系统

淘宝引入了实名认证系统来区分个人用户认证和商户用户认证。个人用户认证只需要提供身份证件，商户认证还需要提供营业执照等资料。

7. 特色服务

淘宝网是截止目前亚洲最大、最安全的在线交易平台之一，提供各类商品的担保交易（先收后付）、先行赔付、假一赔三、七天无理由退换货等安全交易保障服务。

早在 2016 年，淘宝网就推出了淘宝直播，依托淘宝网强大的供应链资源，淘宝直播获得了迅速发展，淘宝直播的核心用户数量持续增长，核心用户在淘宝直播的每日停留时长近 1 小时。经过几年的快速发展，拥有诸多优秀主播及优质供应链的淘宝直播正在迎来带货量的井喷式发展。

二、淘宝直播的基本特征

淘宝直播有多个入口，一个是 PC 端淘宝网直播入口（如图 9-1 所示），另一个是手机淘宝 APP 的“淘宝直播”入口（如图 9-2 所示），第三个是淘宝直播 APP。淘宝直播 APP 是阿里巴巴网络技术有限公司为电商直播打造的独立客户端，它组建了全新的直播生态，用户登录淘宝直播 APP 后，所有的成交都可以在淘宝直播 APP 内部完成，无须跳转至淘宝网。图 9-3 所示为淘宝直播 APP 首页。

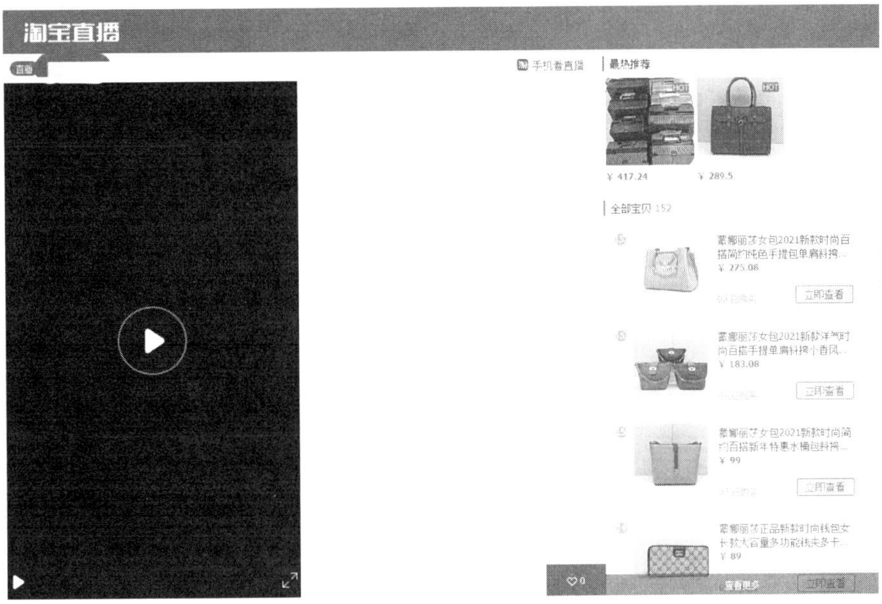

图 9-1　PC 端淘宝直播入口

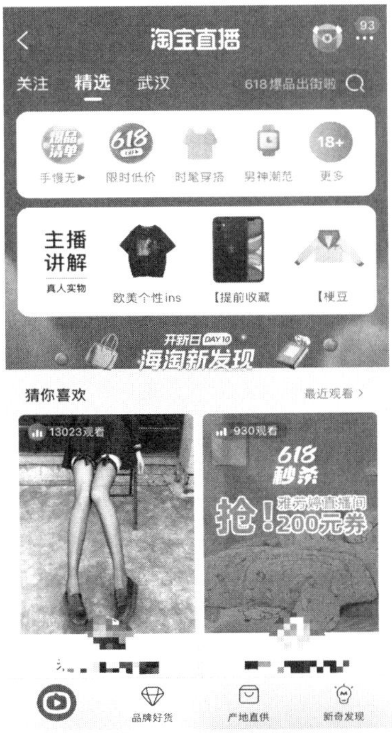

图 9-2　手机淘宝 APP 的“淘宝直播”入口

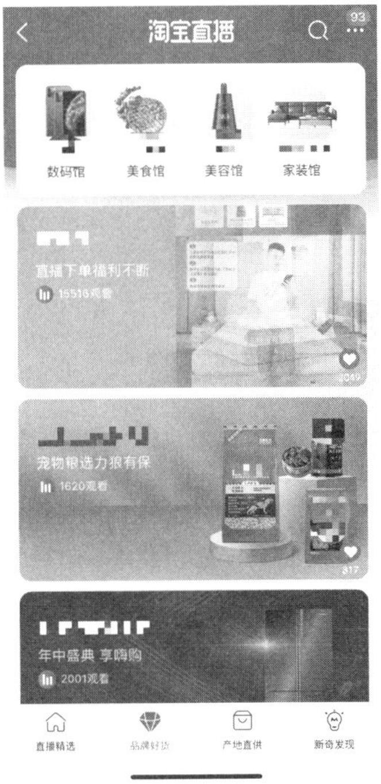

图 9-3 淘宝直播 APP 首页

淘宝平台强大的供应链体系为淘宝直播的飞速发展打下了坚实的基础，淘宝直播的生态特征见表 9-2。

表 9-2 淘宝直播的生态特征

项　　目	生 态 特 征
平台属性	电子商务平台，具有完善的供应链和运营体系
用户属性	基于淘宝生态圈，用户的购物属性强
流量来源	平台公域流量来源：手机淘宝 APP 首页、独立的淘宝直播 APP； 私域流量来源：店铺微淘主页、店铺首页等； 站外流量来源：微博、微信公众号等
主要供应链	淘宝、天猫
带货商品属性	强体验性商品、消耗品受益较大； 用户方面：观看服饰类商品的用户占比最多，其次是观看珠宝类、亲子类、美食类、美妆类商品； 主播方面：服饰穿搭和珠宝直播场次较多
带货模式	商家自播和达人导购

三、淘宝直播的流量分配

不管是传统电商，还是直播电商，流量都是绕不开的话题，淘宝直播也不例外。因此，运营淘宝直播，了解淘宝直播的流量分配规则是非常必要的。

淘宝直播流量分配主要有以下规则。

1. 标签竞争

图 9-4　淘宝直播标签

淘宝直播标签是阿里巴巴网络技术有限公司推出的一款快捷的导购推广服务。在直播间里，主播和商家可以为自己的商品添加各种能够吸引用户的标签（如图 9-4 所示），以此获得更加精准的流量，提高直播的转化率。

主播为直播打上标签，其实是在为淘宝直播官方和用户精准定位自己的直播属性，淘宝直播官方会根据主播所选择的标签为其匹配对应的流量。从淘宝直播官方的角度来说，同一个标签使用的人多了，在分配流量时可以选择的范围也就多了，在流量总量不变的情况下，同一标签下每个主播能分到的流量就会变少。因此，对于主播来说，在标签维度下需要与竞争对手进行流量的争夺。

2. 主播等级竞争

淘宝直播的主播等级反映了主播的影响力，主播的等级越高，所获得的直播权益也就越多，被淘宝直播官方、粉丝看到的机会也就越大，自然而然也就能获得更多官方流量的支持。

3. 活动排名

淘宝直播官方会举办各种主题的直播活动、排位赛等，主播在这些活动中表现得越优秀，排名就越靠前，就越能证明主播的实力。从淘宝直播官方看来，这样的主播没有浪费官方为其提供的流量，在他们身上获得的投资回报率较高，因此在分配流量时会更加偏爱这些主播。

4. 直播内容建设

直播内容也是淘宝直播官方分配流量的参考因素之一。淘宝直播官方评判直播内容的主要依据有 5 个，见表 9-3。

表 9-3　淘宝直播官方评判直播内容的主要依据

评判依据	释　　义	考察的内容
内容能见度	直播内容能覆盖用户的广度主要是通过直播间浮现权重和微淘触达的人群来进行评判的。内容覆盖的用户人群越广，内容能被看见的概率就越大	直播间的“引流”推广能力
内容吸引力属性	单位时间内粉丝在直播间里停留的时长，是否产生购买行为，是否做出互动评论、点赞、分享等	直播间商品的构成、直播氛围和直播的吸引力
内容引导力	把粉丝留在直播间，并将其引导进入店铺主动了解商品的能力	主播控场能力和引导用户下单的能力
内容获客力	直播内容引导用户进入店铺并产生购买行为的能力	直播间商品性价比和主播直播话术对用户的吸引力
内容转粉力	将只是短暂停留在直播间的用户变成有目的、停留时长长的粉丝的能力	主播是否能持续输出内容，直播间内商品的性价比，以及主播的直播能力

因此，合理地运用直播标签、提高自身等级、在官方活动中表现优秀、做好直播内容建设是淘宝主播赢得流量的核心策略。

任务评价

1. 学生自评（见表 9-4）

表 9-4　淘宝平台认知的学生自评表

班级		学号		姓名	
角色	○ 组长　　○ 组员		完成时间		
任务	完成情况记录				
淘宝平台的基本特征					
淘宝直播的基本特征					
淘宝直播的流量分配					
完成任务后的收获					

2. 学生互评（见表 9-5）

表 9-5　淘宝平台认知的学生互评表

班级		被评人学号		被评人姓名	
评价者角色		评价者学号		评价者姓名	
任务	完成情况记录				
淘宝平台的基本特征					
淘宝直播的基本特征					
淘宝直播的流量分配					
完成任务后的收获					

3. 教师评价（见表 9-6）

表 9-6 淘宝平台认知的教师评价表

班级		被评人学号		被评人姓名	
任务		完成情况记录			
淘宝平台的基本特征					
淘宝直播的基本特征					
淘宝直播的流量分配					
完成任务后的收获					

拓展练习

实训目的：

在实际训练中灵活运用本节所讲的淘宝平台认知知识。

实训内容：

观看一场淘宝直播，收集它的直播标签，关注其主播的等级及直播热度，列举该直播吸引你的关键点。

实训要求：

每个小组依照本节所学的淘宝平台、直播基本特征及流量分配，确定分析目标、获取直播数据并对该主播进行分析。要求直播数据真实有效，合理处理直播数据，进行细致分析。注意分析应有理有据，具有逻辑性和参考价值。

实训评价：

每个小组现场展示汇报后，其他组同学总结所学所获。

通过该实训活动，加深学生对本节所学淘宝平台及淘宝直播的了解，在实际运用中灵活掌握所学重点。

任务二 淘宝直播运营

任务描述

无论是淘宝卖家还是个人主播，在刚接触淘宝直播时，通常都是一头雾水，不知道具体应该如何去做，本节将详细介绍进行淘宝直播时的注意事项及运营技巧。

学习目标

（1）掌握淘宝直播权限的开启方式；

（2）了解淘宝直播预告的创建；

（3）熟悉 PC 端及手机端的淘宝直播运营的基本方法。

任务分配

本任务为分组任务：每组若干成员，在组长带领下，根据教材中的举例说明，归纳总结淘宝直播运营操作都有哪些任务（见表 9-7）。

表 9-7　淘宝直播运营操作任务分配表

<table>
<tr><td>班级</td><td></td><td>组号</td><td></td><td>组名</td><td></td></tr>
<tr><td>角色</td><td>姓名</td><td>学号</td><td colspan="3">任务分工</td></tr>
<tr><td>组长</td><td></td><td></td><td colspan="3"></td></tr>
<tr><td rowspan="5">组员</td><td></td><td></td><td colspan="3"></td></tr>
<tr><td></td><td></td><td colspan="3"></td></tr>
<tr><td></td><td></td><td colspan="3"></td></tr>
<tr><td></td><td></td><td colspan="3"></td></tr>
<tr><td></td><td></td><td colspan="3"></td></tr>
</table>

任务准备

引导问题 1：如何申请成为一名淘宝直播的主播？

引导问题 2：如何创建淘宝直播预告？

引导问题 3：如何在手机端淘宝直播中添加商品？

引导问题 4：如何在电脑端淘宝直播中查看画面和实时数据？

任务实施

一、开启淘宝直播权限

淘宝卖家要开通淘宝直播，可以在手机淘宝 APP 中单击“淘宝直播”板块，进入“淘宝直播”后申请主播入驻，还可以下载“淘宝主播 APP”，登录账号后申请主播入驻。申请成为淘宝主播后，可以登录千牛工作台查看账号的直播权限，具体操作方法如下。

二、创建淘宝直播预告

创建直播预告可以让用户提前了解直播内容，同时便于系统选择优质直播内容进行包装推广及在直播广场扶优。创建淘宝直播预告的具体操作方法如下。

（1）打开淘宝主播 APP 并登录，如图 9-5 所示。

（2）在界面下方的“更多工具”选项下单击“发预告”选项，如图 9-6 所示。

（3）在打开的界面中上传封面，设置直播标题、直播时间、内容简介等信息，然后单击“频道栏目”选项，如图 9-7 所示。

（4）在打开的界面中选择要带货的商品所属栏目，如图 9-8 所示。

（5）选择本店的商品，然后单击“确认”按钮，如图 9-9 所示。

（6）完成商品的添加，然后单击“发布预告”按钮，如图 9-10 所示。

图 9-5　登录淘宝主播 APP

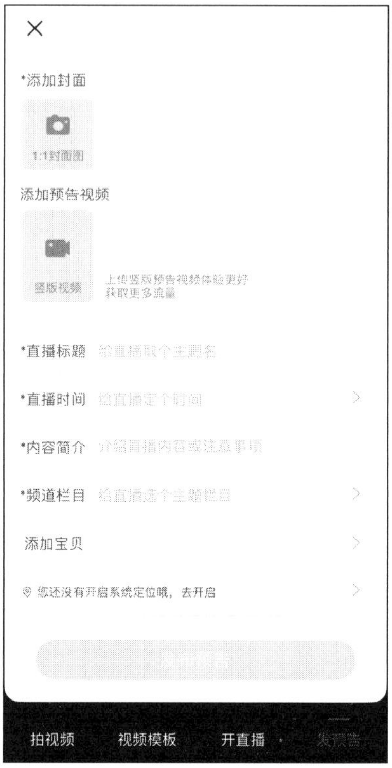

图 9-6　单击“发预告”选项

图 9-7　设置直播信息

图 9-8　选择栏目

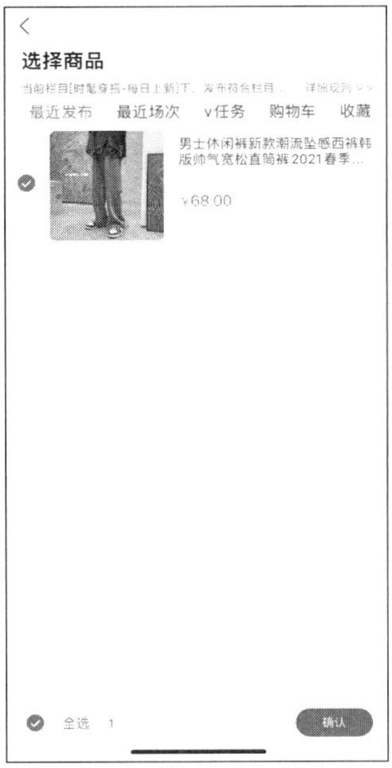

图 9-9　选择商品

图 9-10 单击“发布预告”按钮

三、手机端淘宝直播

在开始淘宝直播之前，应确保手机连接了稳定的无线网络或移动网络，手机设定中允许手机淘宝使用话筒。下面将介绍如何在手机端进行淘宝直播，具体操作方法如下。

（1）在“我的直播”列表中查看创建的直播预告，单击“开始直播”按钮，如图 9-11 所示。

（2）进入直播预览界面，单击“开始直播”按钮，如图 9-12 所示。

（3）进入直播界面，单击“分享”按钮，如图 9-13 所示。

图 9-11　单击“开始直播”按钮

图 9-12　直播预览界面

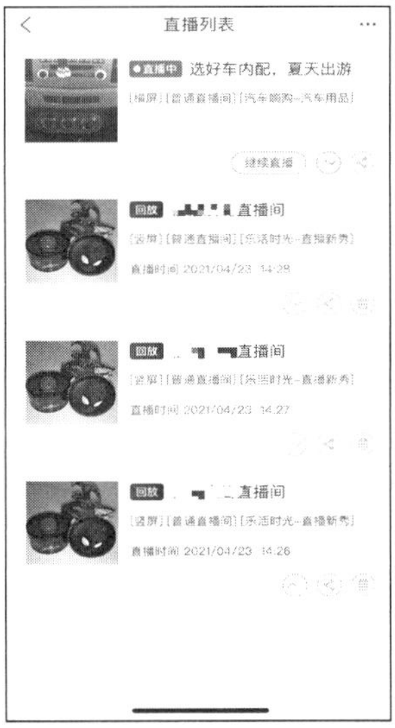

图 9-13　单击“分享”按钮

（4）生成分享海报，分享给微信、QQ、支付宝中的用户，如图 9-14 所示。

（5）在直播界面下方单击“添加”按钮，在打开的界面中选择商品，在此选择购物车中的商品进行代播，如图 9-15 所示。主播除了添加本店商品进行直播带货外，还可以添加购物车商品、已购买商品或最近浏览的商品进行代播。

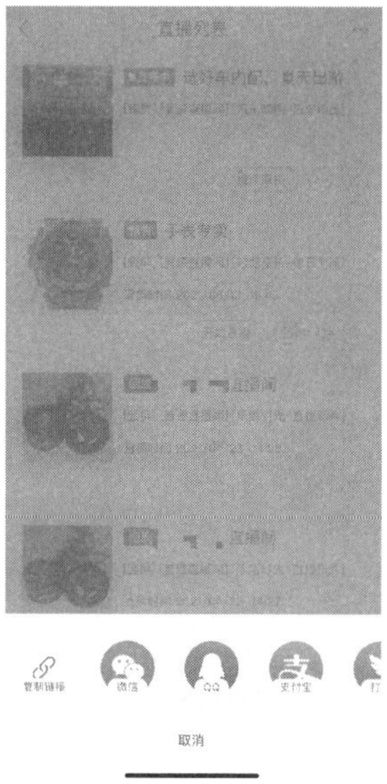

图 9-14　分享直播

图 9-15　添加商品

四、电脑端淘宝直播

在 PC 端通过淘宝直播的中控台可以对直播进行管理，具体操作方法如下。

（1）在 PC 端打开淘宝直播页面，在左侧选择“我的直播”选项，在右侧可以看到正在进行的直播，单击“进入中控台”，如图 9-16 所示。

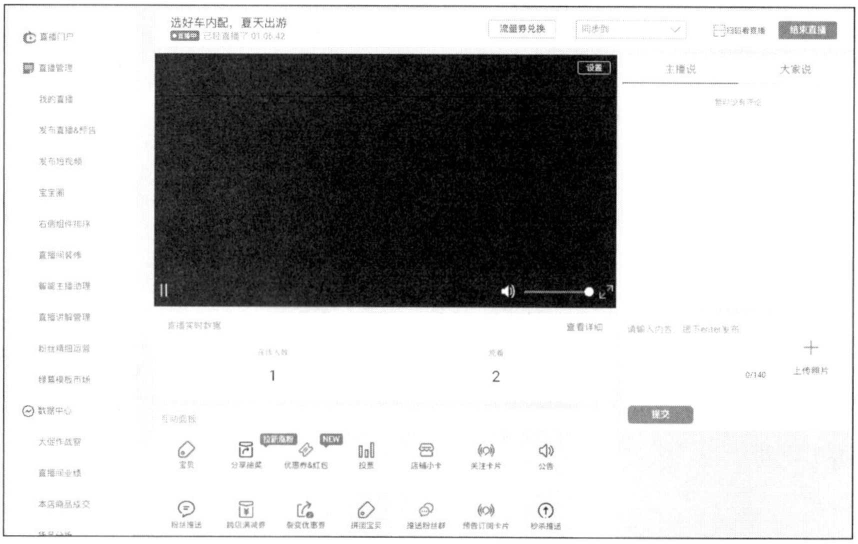

图 9-16　单击“进入中控台”

（2）在打开的页面中可以查看淘宝直播画面和实时数据，如图 9-17 所示。

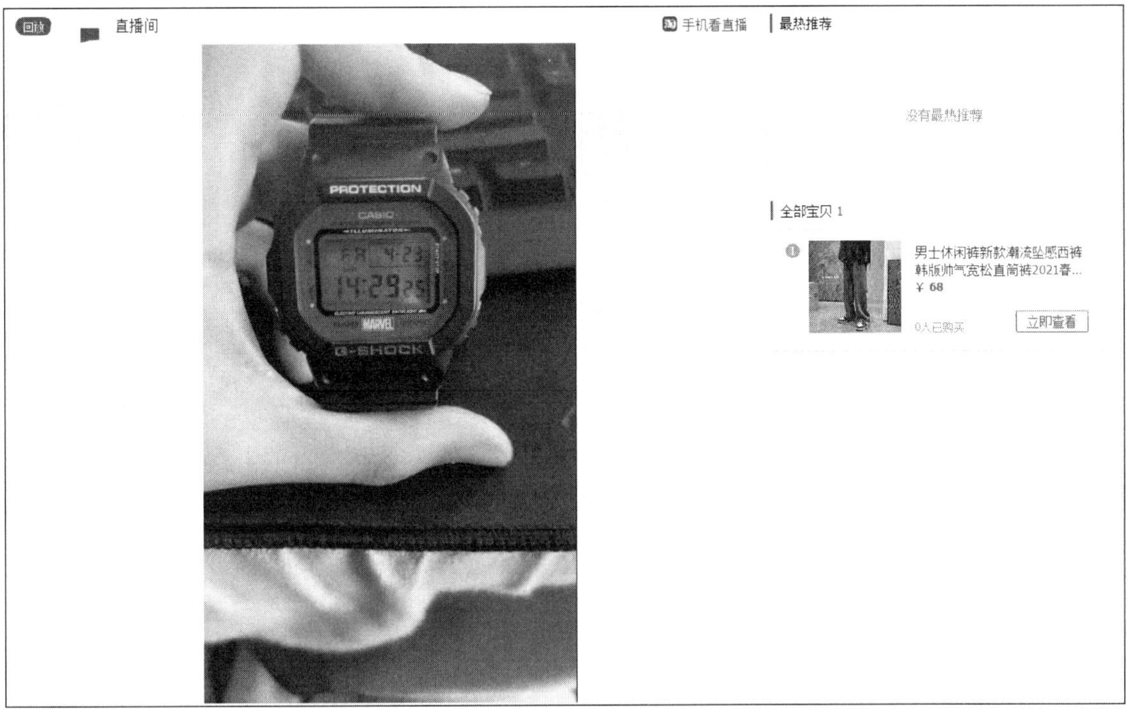

图 9-17　查看直播画面和实时数据

（3）在直播画面下方的互动面板中可以进行所需的直播操作。例如，若要添加直播商品，可以单击“宝贝”按钮，如图 9-18 所示。

图 9-18　单击“宝贝”按钮

（4）在弹出的“宝贝”对话框中选择要添加的商品，单击右下方的“确认”按钮，如图 9-19 所示。

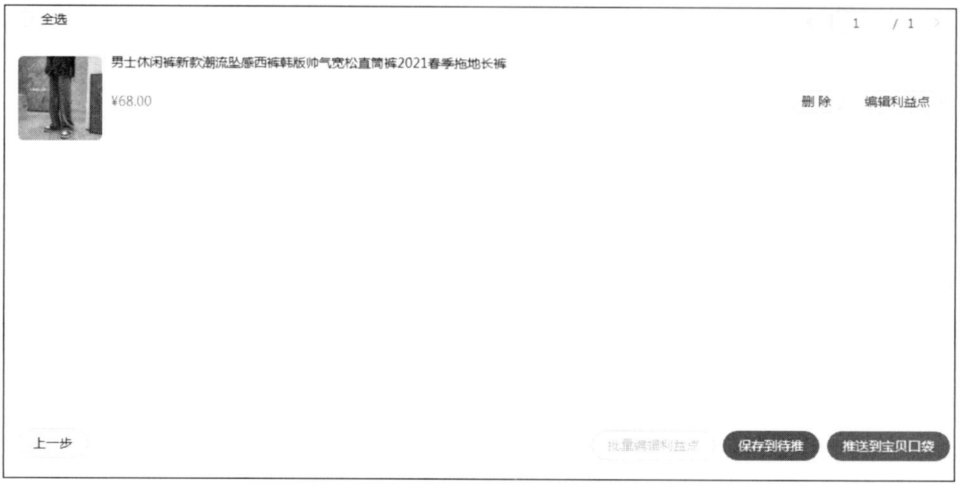

图 9-19　选择要添加的商品

（5）此时，即可将所选商品添加到直播商品列表中，如图 9-20 所示。

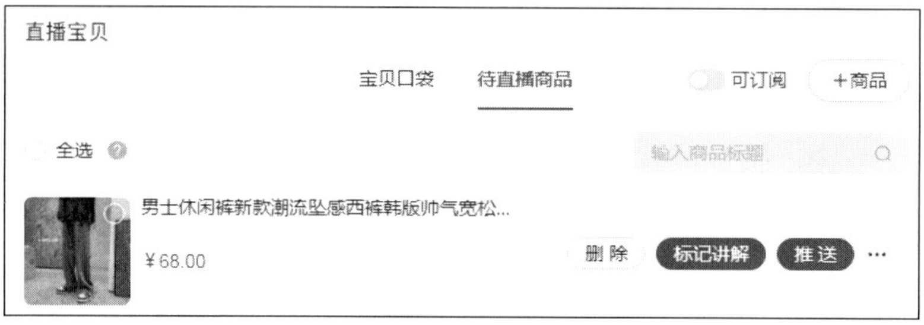

图 9-20　将商品添加到直播商品列表

（6）在“宝贝”对话框上方选择“添加链接”选项，粘贴商品在淘宝网上的网址，然后单击“获取宝贝”按钮，单击找到的商品，即可将其添加到直播商品列表中，如图 9-21 所示。

图 9-21　添加链接商品

（7）如果要在直播间投放优惠券、红包、淘金币等，可以在互动面板中单击“权益投放”按钮，如图 9-22 所示。

图 9-22　单击“权益投放”按钮

（8）在弹出的对话框中单击“选择权益”按钮，然后根据对话框向导创建所需的权益类型，并投放到直播间即可，如图 9-23 所示为分享抽奖设置界面。

图 9-23　设置权益投放

（9）在互动面板中单击“抽奖”按钮，在弹出的对话框中设置淘宝直播抽奖信息，然后单击左下方的“开始抽奖”按钮，如图 9-24 所示。

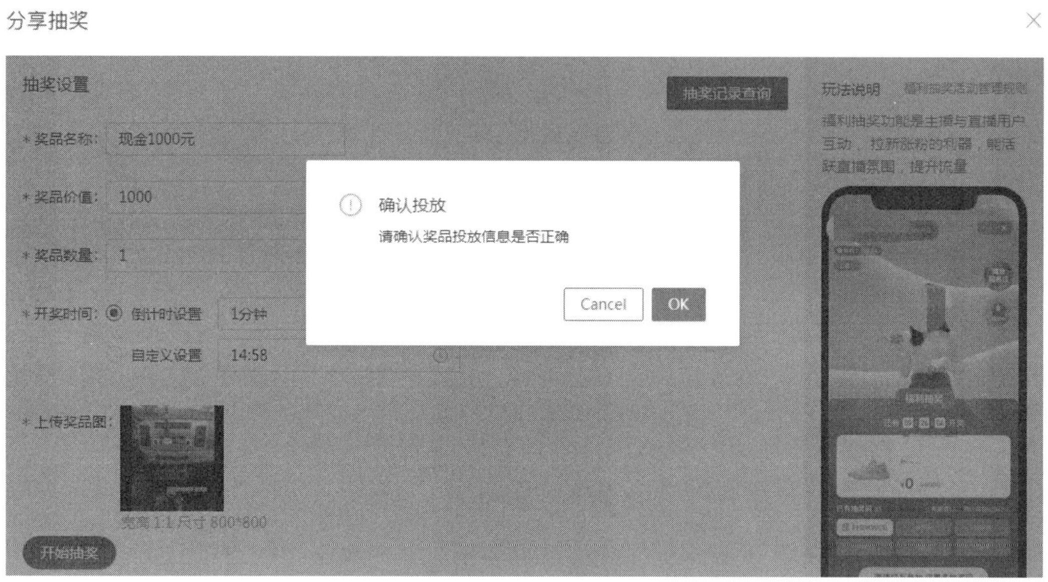

图 9-24　设置直播抽奖

（10）在直播界面下方单击“更多”按钮，在打开的界面中可以对淘宝直播进行更多的操作，在此单击“通知粉丝”按钮，如图 9-25 所示。

（11）在弹出的提示信息框中单击“确认”按钮，可以将直播信息推送给粉丝，如图 9-26 所示。

图 9-25　单击“通知粉丝”按钮

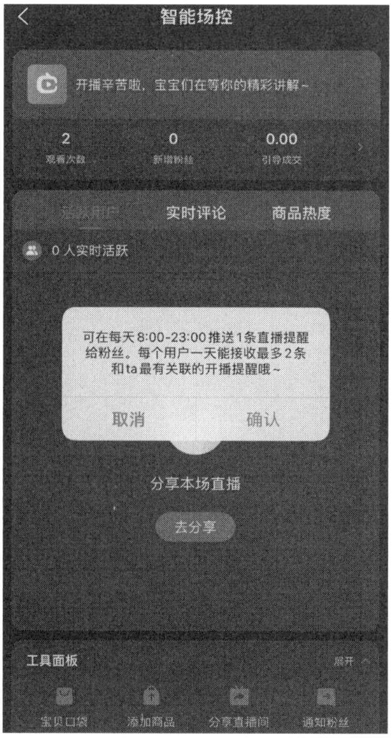

图 9-26　确认通知粉丝

（12）在“更多”界面中单击“粉丝连麦”按钮，在打开的界面中单击“连麦”按钮，可以与粉丝进行连麦互动，如图 9-27 所示。在“更多”界面中单击“主播连麦”按钮，输入其他主播 ID，即可与其他主播进行连麦。

图 9-27　粉丝连麦

任务评价

1. 学生自评（见表 9-8）

表 9-8　淘宝直播运营的学生自评表

班级		学号		姓名	
角色	○ 组长　　○ 组员		完成时间		
任务	完成情况记录				
开启淘宝直播权限					
创建淘宝直播预告					
手机端淘宝直播					
电脑端淘宝直播					
完成任务后的收获					

2. 学生互评（见表 9-9）

表 9-9 淘宝直播运营的学生互评表

班级		被评人学号		被评人姓名	
评价者角色		评价者学号		评价者姓名	
任务		完成情况记录			
开启淘宝直播权限					
创建淘宝直播预告					
手机端淘宝直播					
电脑端淘宝直播					
完成任务后的收获					

3. 教师评价（见表 9-10）

表 9-10 淘宝直播运营的教师评价表

班级		被评人学号		被评人姓名	
任务		完成情况记录			
开启淘宝直播权限					
创建淘宝直播预告					
手机端淘宝直播					
电脑端淘宝直播					
完成任务后的收获					

拓展练习

实训目的:

在实际训练中灵活运用本节所讲的淘宝直播运营知识。

实训内容:

收集 3 个及以上感兴趣的淘宝直播预告并观看正式直播，根据以往章节所学分析预告的优势及直播内容的优缺点。

实训要求:

每组依照以往章节所学的分析方法与技巧，确定分析目标、获取直播数据、对直播进行分析，总结预告的优势及直播内容的优缺点。要求直播数据真实有效，合理处理直播数据，并进行细致分析。注意分析应有理有据，具有逻辑性和参考价值。

实训评价:

每组现场展示汇报后，其他组同学总结所学所获。

通过该实训活动，加深学生对本节所学淘宝直播运营操作的了解，在实际运用中灵活掌握所学重点。

任务三　淘宝直播案例分析

任务描述

各个直播平台有着各自不同的内容和特色，它们不断深入发展，由单一模式向多领域扩展延伸。对于主播来说，选择适合、匹配自己的直播平台是直播运营的重中之重。本节将着重介绍淘宝直播平台的优秀案例。

学习目标

（1）了解某直播代表人物的直播案例；

（2）熟悉直播特点及优势；

（3）掌握打造高质量直播及受欢迎主播人设的要诀。

任务分配

本任务为分组任务：每组组员在组长带领下，根据教材中的举例说明，归纳总结：成功的直播需要注意哪些问题。淘宝直播案例分析任务分配表见表 9-11。

表 9-11　淘宝直播案例分析任务分配表

班级		组号		组名	
角色	姓名	学号	任务分配		
组长					
组员					

任务准备

引导问题 1：该主播在直播时其直播用语与话术有何特点？

引导问题 2：该主播在直播人设的树立上具有哪些特点？

任务实施

知名主播直播案例分析

该主播是淘宝直播平台上一个极具代表性的主播，他的直播有很多过人之处，虽然复制很难，但是学习他的直播方法，让自己变得更优秀是可行的。他的直播主要具有以下亮点。

1. 塑造形象

该主播最为人熟知的是歌手的身份，2005 年之后，他逐渐淡出娱乐圈，往实业方向发展。过去的这些年，他在各个细分领域都做出了成绩。

现在，他又多了一个标签——明星主播。

该主播喜欢去各个国家旅游，并在当地走街串巷，大到时装店、小到菜市场。热爱生活的他，早就是朋友们的“KOL”（Key Opinion Leader，关键意见领袖），周围人都会找他推荐产品。直播形象展示如图 9-28 所示。

图 9-28　直播形象展示

2. 保持直播状态

该主播直播时始终保持着一种亢奋的状态，当别的明星还高高在上，看不起卖力吆喝的时候，他就享受到了直播的巨大红利。有一次，他心血来潮向大家直播自己在家做饭、吃饭的过程，这场直播直接让全场产品卖断货。所以，为什么他可以荣登带货主播 TOP5？这是因为早在很久以前，他就已经是带货“老油条”了！

初期直播时，该主播带货类目较为垂直。他居家暖男的形象和喜欢分享美好生活的性格，与食品、生活用品的特质十分吻合。这两种类目在淘宝直播里也是热门类目，能够帮助他快速和粉丝建立联系。

多场直播之后，该主播的直播间粉丝数涨到 615 万，粉丝数量保持着稳定的增长速度，并且在节日或大促期间，粉丝数量也会爆增，达到主播成长比较理想的一种节奏。他的直播过程也在一点一点积累经验：怎么样去带节奏？怎么样去推荐产品？怎么样去跟粉丝交流？怎么样去跟品牌交流？

3. 直播间风格

很多人用清爽、舒服等词来形容该主播的直播间风格。从形象、衣品和声音等方面来分析，他具有做主播的天然优势。在讲解产品时，语速适中又能讲到重点，加之团队配合也十分给力，整个直播间的带货节奏常被网友称赞。

作为一名主播，左手是品牌商家，右手是消费者，需要做好人、货、场等多个环节的协调统筹。在直播间，主播必须把控好节奏。对主播来说，通过直播间，把消费者带到一个新的消费场景，其任务就是告诉消费者——要买什么产品、为什么要买这个产品。同时，该主播认为，直播时长和粉丝注意力有限，产品信息的透露不在“多”而在“精”，因此在介绍产品时，他会着重突出产品的具体亮点，触达消费者需求。

4. 多种形式辅助

在直播的过程中，很多人称他为“宝藏主播”，他经常会通过唱歌、跳舞等方式活跃气氛。在“为鄂下单”公益直播中，连线明星，他边唱边跳“哥哥面前一条弯弯的河”；在支付宝城市生活周的直播中，他拿起一瓶辣酱作为话筒，深情唱起《听海》。

该主播说，以前做明星，登台表演是为了娱乐大众，现在当主播，每次直播，也跟登台表演一样，要让大众感到开心。他说“直播的互动性更强，娱乐属性也更强。”

5. 良好互动

直播过后，该主播也会与粉丝保持紧密联系。他建立了数十个粉丝群，就像是一个线上的粉丝见面会，会不定时进群跟粉丝互动，逢年过节还会发红包等。他说：“我也经常在群里分享一些好物，直播之前也会悄悄告诉他们，这次直播哪些产品价格真的很实惠，可以秒杀。”

粉丝群的另一个作用是售后服务。该主播告诉粉丝，以后在购买的时候遇到任何问题，都可以在群里反馈。他说：“如果你找商家不行的话，可以来这里找我们，我们替你解决一切问题。”

对粉丝来说，有歌手、创业者和美食家这些身份的背书，对该主播有着天然的信任基础。而尝试过多次后，大家发现他推荐的美食基本不会踩雷，这份信任进一步巩固。这都让该主播能够与粉丝快速建立联系。

6. 直播氛围

为了减少与粉丝的代沟，他会经常网上冲浪，诸如“淡黄的长裙”等爆红的梗他信手拈来。作为北京人，骨子里的贫嘴气质、幽默的性格也为直播间增添诸多活力。

深耕美食多年的他，在推荐美食类产品时自是颇有心得，还经常撸起袖子、架起锅，亲自示范，带着大家“云烹饪”，包括宫保鸡丁意面、番茄牛腩等家居菜品。直播间摇身一变，成为他的私人厨房，烟火气十足。

有网友如此评价道：他的直播让我回归了家庭妇女的本质，各种吃喝调料还有锅，点燃了下厨的欲望。

7. 直播选品

该主播平均每场直播中上架的20～30个产品，是从上百个产品中优选出来的。上架前，团队需要衡量产品匹配度、做完整背调、对比竞品、和商家协商优惠等。

目前入选的品牌有天猫旗舰店，有企业做背书。同时，需要满足评分至少在4.8分以上和月销过千两个条件。品牌方寄过来商品之后，他和他的团队会进行多次试品。

晚上8:00直播开始之前，该主播会在下午1:00～2:00提前去直播间，对所有产品的品牌进行梳理，团队也会预估粉丝反馈和最终销售效果。

在备货量上，他认为不能“一口气吃个胖子”，觉得目前自己直播间的粉丝体量不足以支撑预售这种模式，坚持只卖现货。

一般而言，一家品牌商会把已有的库存分给不同的直播间。妇女节时，该主播在直播间推荐的一款内衣产品十分火爆，产品瞬间售罄。为了满足粉丝需求，他和团队就全网去“抢”这款产品。

8. 二次传播，放大直播效果

该主播会采取多种方式对直播进行二次传播，以放大直播的效果。例如，他会将直播画面录制下来制作成直播回放视频，并将其发布在淘宝直播和微博上，错过直播的粉丝可以通过观看直播回放了解某场直播的内容。如图 9-29 所示为他发布在淘宝直播上的直播回放。

此外，他还会截取直播中比较有意思的片段，将其制作成短视频发布到抖音、快手、哔哩哔哩等平台上，如图 9-30 所示为该主播发布在抖音上的由直播视频剪辑而成的短视频。

图 9-29　发布在淘宝直播上的直播回放

图 9-30　由直播视频剪辑而成的短视频

9. 深耕社交，多平台“圈粉”

该主播在微博、微信、抖音、快手、小红书、哔哩哔哩等平台均注册了账号，通过多平台“圈粉”，持续提升自身的影响力。

微博平台是该主播与粉丝进行互动的主要平台。在微博上，他会发布直播预热信息，为直播间“引流”，如图 9-31 所示。他还会通过发起抽奖活动、投票活动等多种方式与粉丝进行互动。

在微信上，该主播会通过微信公众号发布每天的直播预告，向粉丝预告当天直播的商品，如图 9-32 所示。此外，他还会将直播间里的商品按照一定的分类标准做成好物合集，再次向粉丝“种草”，让直播形成二次传播，放大直播效果。

图 9-31　该主播微博发布的直播预告

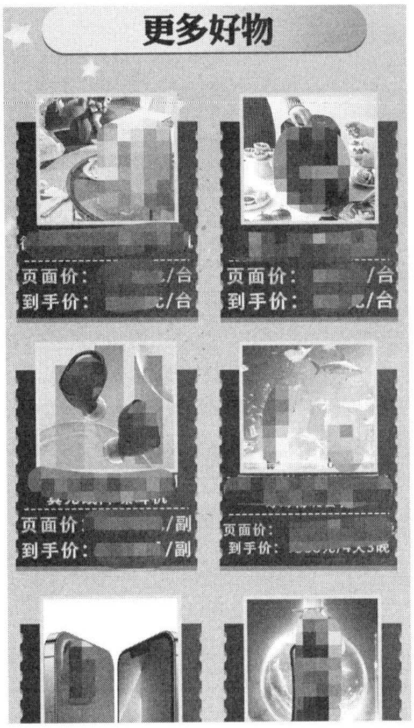

图 9-32　该主播微信发布的直播预告

在抖音、快手、小红书等平台上，该主播侧重发布一些由直播视频剪辑而成的视频片段，或是直播预热短视频，如图 9-33 所示。而在其他平台上，他侧重发布一些记录日常生活的短视频，如图 9-34 所示。

图 9-33　直播预热短视频

图 9-34　记录日常生活的短视频

任务评价

1. 学生自评

表 9-12　淘宝直播案例分析的学生自评表

班级		学号		姓名	
角色	○ 组长　　○ 组员		完成时间		
任务		完成情况记录			
知名主播直播案例分析					
完成任务后的收获					

2. 学生互评

表 9-13　淘宝直播案例分析的学生互评表

班级		被评人学号		被评人姓名	
评价者角色		评价者学号		评价者姓名	
任务		完成情况记录			
知名主播直播案例分析					
完成任务后的收获					

3. 教师评价

表 9-14　淘宝直播案例分析的教师评价表

班级		被评人学号		被评人姓名	
任务		完成情况记录			
知名主播直播案例分析					
完成任务后的收获					

拓展练习

实训目的：

在实际训练中灵活运用本节所讲的淘宝直播案例分析知识。

实训内容：

观看知名主播和某一般主播的直播，根据以往章节所学知识分析这两者的直播都有哪些可取之处，对比之下你更偏好谁的直播，并列举原因。

实训要求：

每个小组依照以往章节所学的分析方法与技巧，确定分析目标，获取直播数据，对直播数据、粉丝特征等进行分析，对比学习两名主播的可取之处。要求直播数据真实有效，合理处理直播数据，并进行细致分析。注意分析应有理有据，具有逻辑性和参考价值。

实训评价：

每个小组现场展示汇报后，其他组同学总结所学所获。

通过该实训活动，加深学生对所学直播知识的了解，在实际运用中灵活掌握所学重点。

项目十

抖音直播运营与案例分析

2018 年 5 月抖音正式启动电商业务，目前以短视频、直播带货为主，其发展理念依然延续过去的“流量引流”的变现理念。随着直播电商的迸发式发展，抖音加大力度自建抖音小店，抖音平台开始签约带货类 KOL（Key Opinion Leader，关键意见领袖），并在供应链端与直播基地签约，这表明抖音在加大直播电商的投放与投入。在未来，抖音直播电商必将迎来更大的发展机遇。

任务一 抖音平台认知

任务描述

抖音平台于 2016 年 9 月上线运营，是一款音乐创意短视频社交软件，用户可以通过这款软件选择歌曲，拍摄音乐短视频，创作自己的作品。抖音平台娱乐属性明显，优势有以下三个方面：

（1）商品营销效率高：抖音短视频是有全新流量的价值洼地、有群体参与的口碑爆发地、有行为驱动的爆款孵化器。

（2）用户转化率高：具有一定的趣味性及用户跟随模仿的自我满足，完全掩盖了广告本身，让品牌显露更为自然。

（3）品牌认知广泛：抖音可以给品牌带来更碎片化、更具视觉化的品牌内容输出，填补了微信、微博端的空白。提高对抖音平台的认知，可达到更好完成直播营销活动的目的。

学习目标

（1）了解抖音平台的特征；

（2）掌握抖音直播的基本特征。

任务分配

本任务为分组任务：每组若干组员，在组长带领下，共同完成对抖音平台认知的学习。抖音平台认知的学习任务分配表见表 10-1。

表 10-1 抖音平台认知的学习任务分配表

班级		组号		组名	
角色	姓名	学号	任务分工		
组长					
组员					

任务准备

引导问题 1：抖音平台的特征有哪些？

引导问题 2：抖音直播的基本特征有哪些？

任务实施

一、抖音平台的基本特征

在上线初期，“潮”“酷”“时尚”是抖音的标签，这决定了抖音“年轻、时尚”的基调。这个定位让抖音在初期就占据了先发优势，吸引了大量的年轻人。随着用户群体的不断扩大，抖音的定位也发生了改变。2018 年 3 月，抖音全新的品牌口号“记录美好生活”正式启用，这个新定位体现了抖音从年轻时尚逐渐向生活化方向的转变，让抖音的主要面对人群从追求“潮”“酷”的年轻人走向了普通大众。

抖音平台主要具有以下 4 个特点。

1. 泛娱乐化

由于抖音前期定位于“潮”“酷”“时尚”，音乐、舞蹈、搞笑段子等泛娱乐化的视频和音乐在抖音平台上比较受欢迎，这就促使创作者在创作短视频时更倾向于向轻松、娱乐的方向靠拢。

2. 个性化推荐

用户在抖音平台上是以全屏的浏览模式浏览视频的，可以通过上下滑动手机屏幕切换短视频，这就是抖音首创的“单屏浏览模式”。用户进入抖音首页后，无须按照主题分类选择短视频观看，而是以平台推送的顺序观看。

抖音平台会以用户观看短视频的停留时长、点赞、评论等行为为依据，为用户优化短视频推荐。在这种个性化的推荐机制下，用户观看的短视频都是由抖音平台决定并推送的，但用户也可以关注某些抖音账号，然后在自己账号的“关注”板块中查看自己感兴趣的短视频。

3. 流量叠加支持

创作者将短视频上传到平台以后，抖音平台会对短视频进行审核，查看短视频是否存在违规内容。如果存在违规内容，该短视频将无法在抖音平台上发布。

通过审核后，抖音平台会将短视频放进一个较小的流量池内，在这个流量池内测试该短视频的潜力。例如，先将该短视频推荐给 5 万个同城用户，然后对该短视频的完播率、点赞量、评论量、转发量等指标进行统计和分析，决定是否继续对其给予流量支持。

如果这些数据都表现良好，抖音平台就会将该条短视频放在一个更大的流量池内，为其提供更多的流量支持。如果在下一次推荐中该短视频的数据表现依然良好，抖音平台就会给予下一波更大的流量支持……如此层层递进，不断增加对该短视频的流量支持。因此，短视频内容的质量是抖音平台更看重的，优质短视频的传播效率就这样大大提升了，并且还降低了短视频创作者的身份门槛。

在抖音直播电商上，多半也会延续这个流量推荐方式，只不过直播电商还会涉及转化率、复购率等电商的参数。

4. 内容为王

原创的、有创意的内容会得到抖音平台更多的流量支持，作为创作者，只有持续地生产优质内容，获得抖音平台更多的流量推荐，才能让自己的作品展现在更多的用户面前，并获得用户的认可。

二、抖音直播的基本特征

抖音聚焦年轻人潮流个性的生活态度，在直播电商上以内容“种草”为核心。具体来说，抖音直播电商的生态特征见表 10-2。

表 10-2　抖音直播电商的生态特征

项　目	说　明
平台类型	短视频平台
平台特性	大众娱乐属性较强，流量智能分发
流量来源	以平台公域流量为主
主要供应链	抖音小店、淘宝网、天猫、京东商城
带动商品属性	美妆类商品、服饰类商品占比较高
带货 KOL 属性	头部主播相对集中，这是因为在流量智能分发模式下，头部主播商品容易爆红
带货模式	达人通过短视频积累粉丝，然后通过短视频或直播带货实现变现

任务评价

1. 学生自评（见表 10-3）

表 10-3　抖音平台认知学生自评表

班级		学号		姓名	
角色	○ 组长　　○ 组员		完成时间		
任务		完成情况记录			
抖音平台的特征					
抖音直播的基本特征					
完成任务后的收获					

2. 学生互评（见表 10-4）

表 10-4　抖音平台认知学生互评表

班级		被评人学号		被评人姓名	
评价者角色		评价者学号		评价者姓名	
任务		完成情况记录			
抖音平台的特征					
抖音直播的基本特征					
完成任务后的收获					

3. 教师评价（见表 10-5）

表 10-5　抖音平台认知教师评价表

班级		被评人学号		被评人姓名	
任务	完成情况记录				
抖音平台的特征					
抖音直播的基本特征					
完成任务后的收获					

拓展练习

实训目的：

在实际训练中灵活运用本节所讲的抖音平台认知知识。

实训内容：

观看一场抖音直播，收集它的直播标签，关注其主播的等级及直播热度，列举该直播吸引你的关键点。

实训要求：

每个小组依照本节所学的抖音平台基本特征，确定分析目标，获取直播数据，对该主播进行分析。要求直播数据真实有效，合理处理直播数据，并进行细致分析。注意分析应有理有据，具有逻辑性和参考价值。

实训评价：

每个小组现场展示汇报后，其他组同学总结所学所获。

通过该实训活动，加深学生对本节所学抖音平台及抖音直播的了解，在实际运用中灵活掌握所学重点。

任务二　抖音直播运营

任务描述

抖音作为短视频新起之秀，从诞生以后，一直走在行业的前沿。随着直播和短视频带货的兴起，抖音也开启了它的直播带货之旅。

下面将介绍通过抖音直播进行带货的操作流程，主要包括开通抖音直播权限、开通商品分享权限、添加与管理商品、设置预告直播时间、直播间购物车商品管理、直播间的互动、直播上热门等环节。

学习目标

（1）了解抖音直播运营的各项操作；

（2）掌握抖音直播运营操作的重难点。

任务分配

每组同学自行协商分工，根据对抖音直播运营操作的把握，完成一场直播活动。抖音直播运营任务分配表见表 10-6。

表 10-6　抖音直播运营任务分配表

班级		拍摄商品	
组员	姓名	学号	任务分工

任务准备

引导问题 1：抖音直播运营有哪些操作？

引导问题 2：抖音直播运营操作中需要注意什么？

任务实施

一、开通抖音直播权限

开通抖音直播，需进行实名认证，具体操作方法如下。

（1）打开抖音 APP，在界面下方单击按钮，如图 10-1 所示。

（2）进入拍摄界面，在界面下方菜单最右侧选择“开直播”选项，然后单击“开始视频直播”按钮，如图 10-2 所示。

（3）在打开的界面中进行实名认证，如图 10-3 所示，输入真实姓名、身份证号等信息，单击“同意协议并认证”按钮，认证通过后即可开通直播功能。

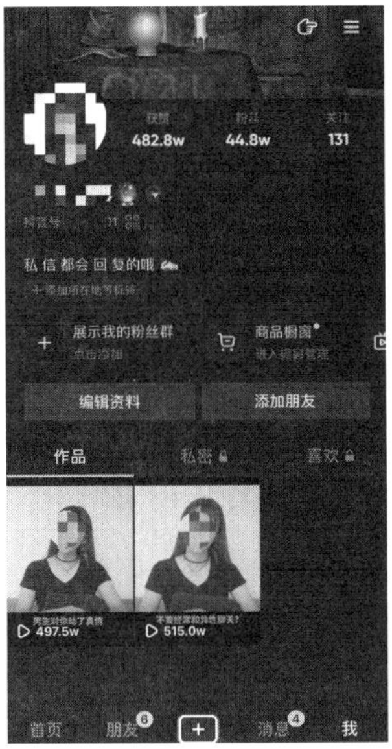

图 10-1　单击 +

图 10-2　单击“开始视频直播”

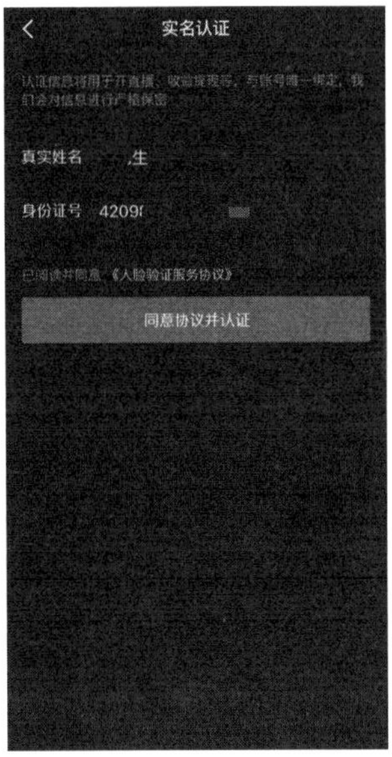

图 10-3　实名认证

二、开通商品分享权限

个人要利用抖音直播带货，需要开通商品分享权限，开通这个权限要求个人主页视频数（公开且审核通过）≥10 条，账号粉丝数（绑定第三方的粉丝数不算）≥1000 人。如果账号达到了这些要求，即可申请开通商品分享权限，具体操作方法如下。

（1）打开抖音 APP，在下方单击“我”按钮，然后单击右上方的菜单按钮☰，选择“创作者服务中心”选项，如图 10-4 所示。

（2）在打开的界面中单击“商品橱窗”按钮，如图 10-5 所示。

（3）在打开的界面中单击“商品分享权限”选项，如图 10-6 所示。

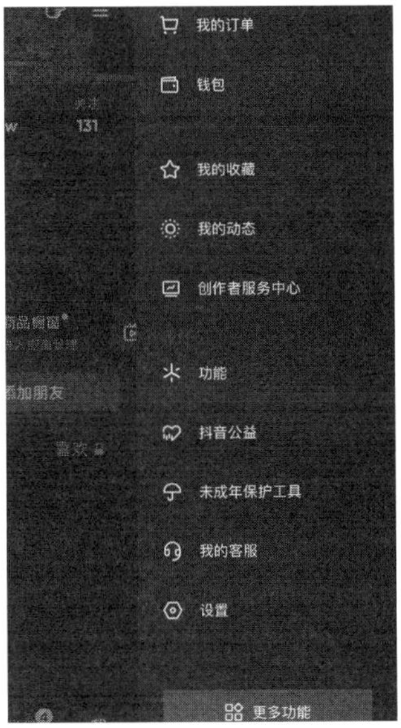

图 10-4　选择“创作者服务中心”

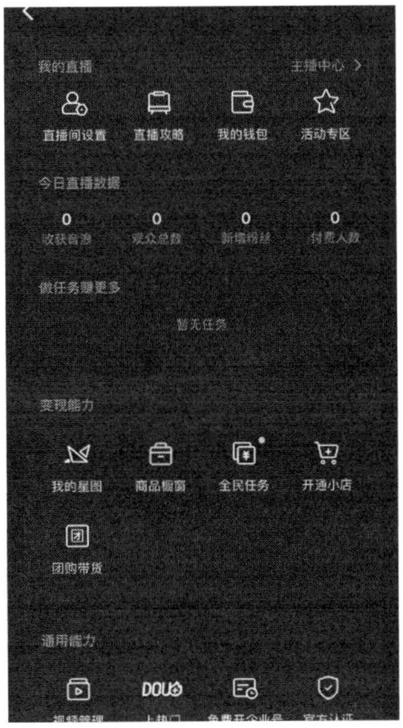

图 10-5　单击“商品橱窗”

图 10-6　单击“商品分享权限”

（4）进入“商品分享功能申请”界面，查看开通条件及所获得的权益，如图 10-7 所示，然后单击“立即申请”按钮。

（5）在打开的界面中输入手机号、微信号等信息，如图 10-8 所示，单击“提交”按钮。

（6）开始审核信息，如图 10-9 所示，等待系统审核完成。

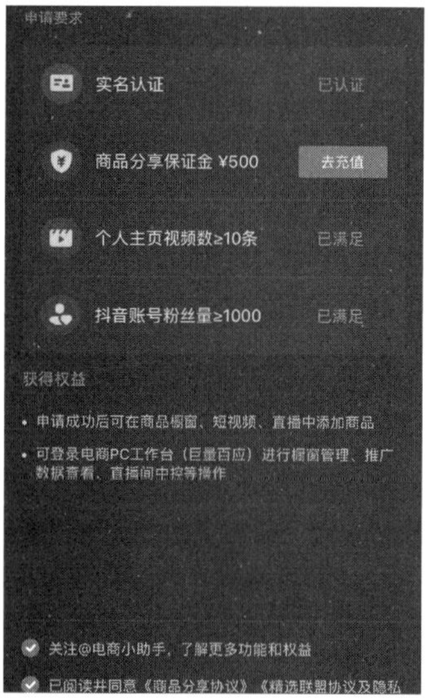

图 10-7　查看开通条件及所获得的权益

图 10-8　填写相关信息

图 10-9　开始审核信息

（7）审核完成后，即可成功开通商品分享功能。

（8）此时，抖音个人主页将显示“商品橱窗”按钮，单击该按钮，如图 10-10 所示。

（9）进入“商品橱窗”界面，如图 10-11 所示，从中可以添加商品，进行橱窗管理，或根据需要开通抖音小店。

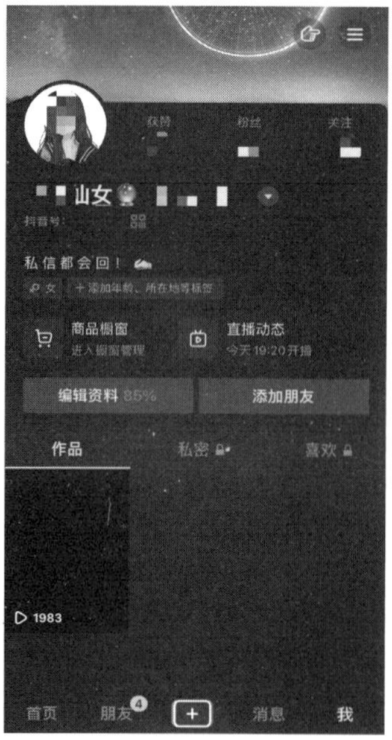

图 10-10　单击“商品橱窗”按钮

图 10-11　进入“商品橱窗”界面

三、添加抖音特色商品

开通商品橱窗后，即可将商品添加到抖音平台。如果想添加自己的商品，需要开通抖音小店；如果没有自己的商品，可以在商品库中添加“精选”商品进行推广，以赚取佣金。下面将介绍如何在商品橱窗中添加抖音精选联盟的商品，具体操作方法如下。

（1）打开“商品橱窗”界面，单击“选品广场”按钮，如图 10-12 所示。

（2）进入“添加商品”界面，如图 10-13 所示，单击“精选推荐”按钮。

（3）在打开的界面中选择需要直播推荐的商品，单击“加橱窗”按钮，如图 10-14 所示。

图 10-12　单击“选品广场”按钮

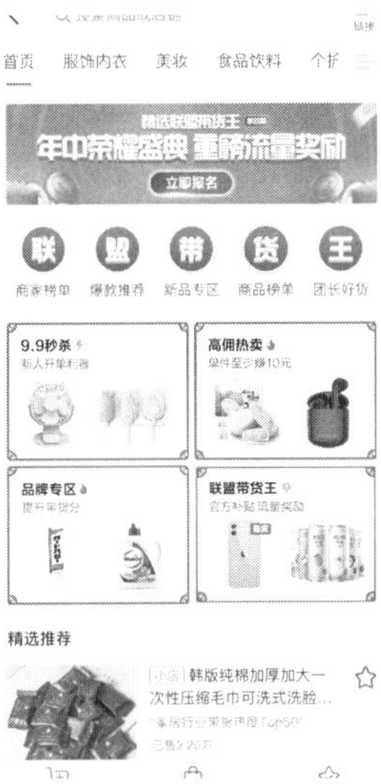

图 10-13　“添加商品”界面

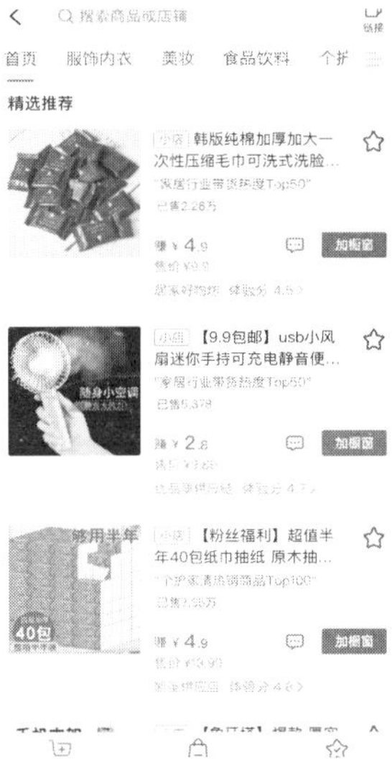

图 10-14　单击“加橱窗”按钮

（4）在弹出的提示信息框中单击“去开通”按钮，如图 10-15 所示。

（5）进入“开通联盟账户”界面，如图 10-16 所示，然后单击“正式账户”或“快速账户”按钮。

（6）开通联盟账户后，继续添加商品，进入“橱窗管理”界面，如图 10-17 所示。

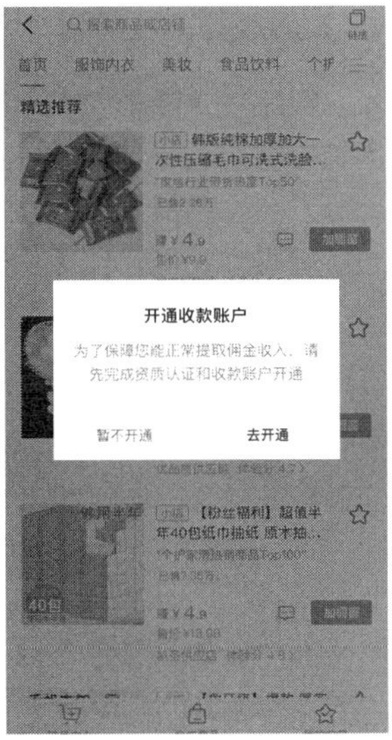

图 10-15　单击“去开通”按钮

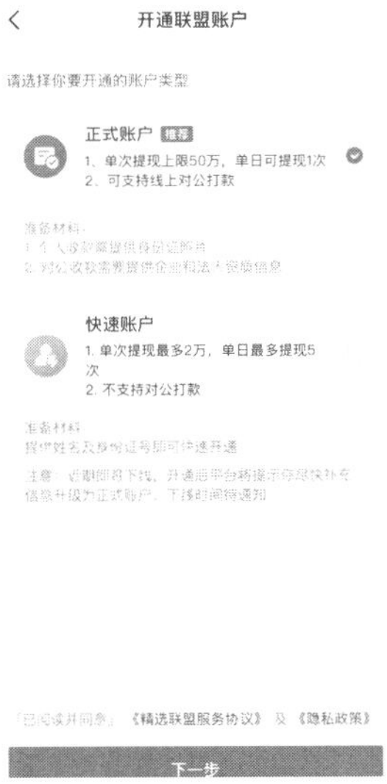

图 10-16　“开通联盟账户”界面

图 10-17　“橱窗管理”界面

（7）进入“编辑商品”界面，输入标题，然后单击“确认”按钮，如图 10-18 所示。

（8）显示商品信息更新成功，如图 10-19 所示。

（9）在“添加商品”界面中选择“我的收藏”选项，即可查看收藏的商品，如图 10-20 所示。

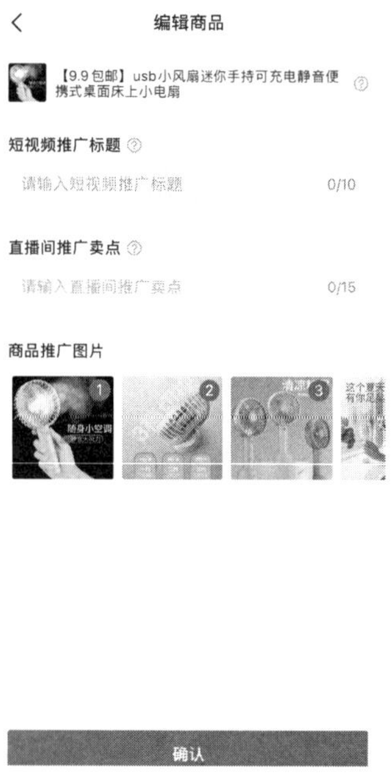

图 10-18 “编辑商品”界面

图 10-19 商品信息更新成功

图 10-20 查看“我的收藏”

四、添加其他平台商品

除添加抖音精选联盟的商品外，抖音还支持添加淘宝网、京东、考拉、唯品会等第三方平台的商品。例如，若要添加淘宝商品，需要先绑定淘宝 PID（淘宝联盟标识淘客用户 ID），然后在商品库中添加即可，具体操作方法如下。

（1）打开“商品橱窗”界面，单击“账号绑定”按钮，进入“账号绑定”界面，选择“淘宝 PID”选项，如图 10-21 所示。

（2）在打开的界面中单击“去淘宝获取”按钮，在弹出的提示信息框中单击“确认”按钮，如图 10-22 所示。

（3）启动淘宝 APP，在打开的界面中单击“同意协议并绑定”按钮，如图 10-23 所示。

（4）进入“新增备案”界面，选择经营类型，填写昵称、粉丝数量等，如图 10-24 所示，然后单击“完成绑定”按钮。

（5）审核完成后，单击“新增推广位”按钮，如图 10-25 所示，在打开的界面中输入名称后即可获得淘宝 PID，单击“完成绑定”按钮。

（6）账户绑定成功，如图 10-26 所示，单击“返回”按钮。

（7）返回“账号绑定”界面，查看绑定的淘宝 PID，如图 10-27 所示。采用同样的方法，还可以绑定京东 PID 或洋码头 PID 等。

（8）除了在商品库中添加商品，还可以通过淘口令添加商品。在手机上安装“淘宝联盟”APP 并打开，选择要添加的商品，如图 10-28 所示。

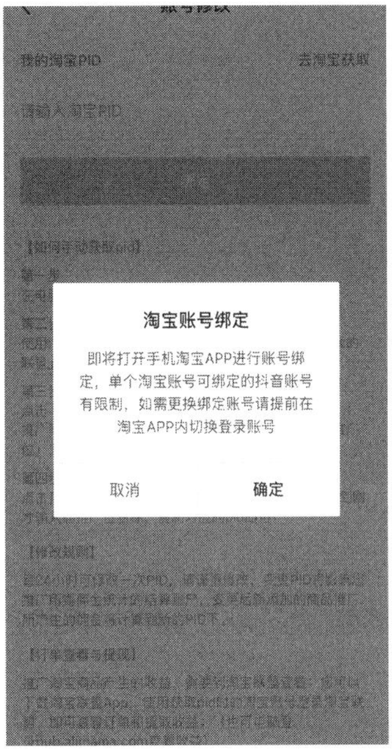

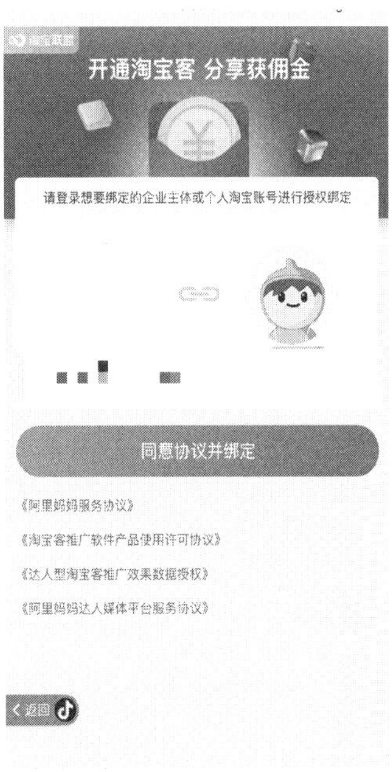

图 10-21　单击“账号绑定”按钮　图 10-22　单击“确认”按钮　图 10-23　单击“同意协议并绑定”按钮

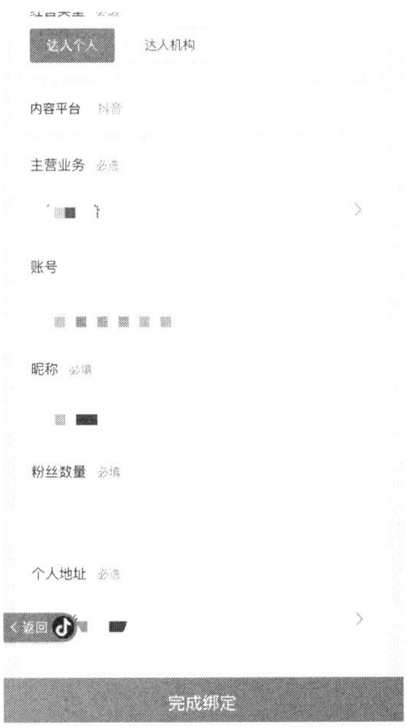

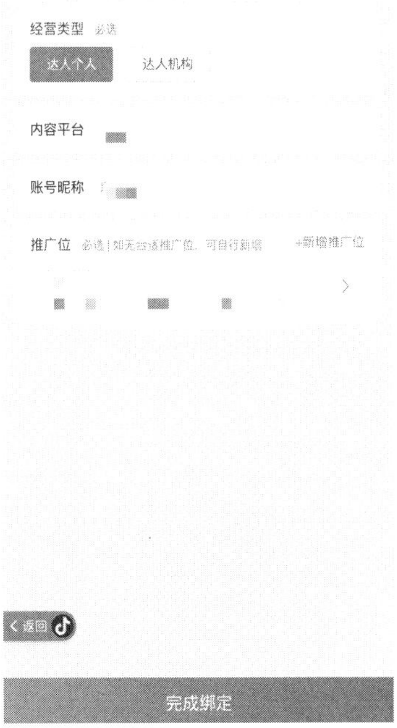

图 10-24　填写信息　　　　图 10-25　新增推广位

（9）打开“宝贝推广信息”界面，单击“一键分享”按钮，如图 10-29 所示。

（10）在打开的界面下方单击“仅复制口令”按钮，弹出的信息提示框中显示“复制成功”，如图 10-30 所示。

（11）打开抖音“添加商品”界面，添加商品链接，如图 10-31 所示。

图 10-26　账户绑定成功

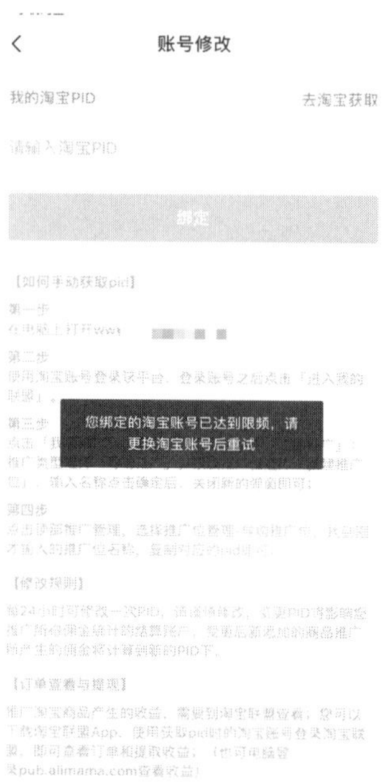

图 10-27　查看绑定的淘宝 PID

图 10-28　选择商品

图 10-29　单击“一键分享”按钮

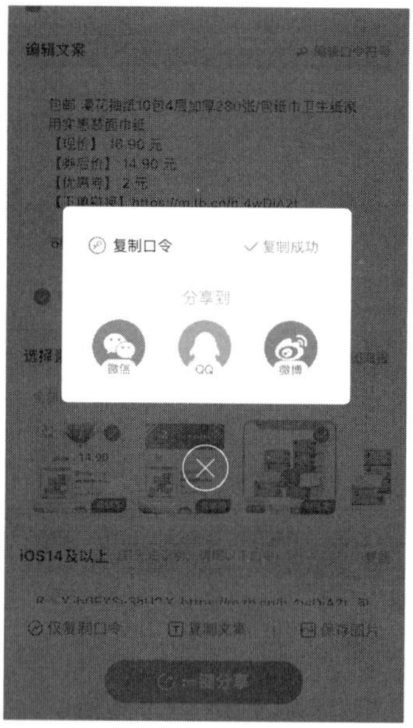

图 10-30　复制口令

图 10-31　添加商品链接

五、商品橱窗的管理

把商品添加到橱窗中后，用户可以根据需要对商品进行移除、置顶或分类等管理操作，具体操作方法如下。

（1）打开“商品橱窗”界面，单击“橱窗管理”按钮，如图 10-32 所示。

（2）进入“商品橱窗管理”界面，单击商品下方的 ⊤ 按钮，可以将其置顶，如图 10-33

所示。

（3）单击“管理分类”按钮，在打开的界面中选择商品分类，在此选择“家居用品”类别，如图 10-34 所示。

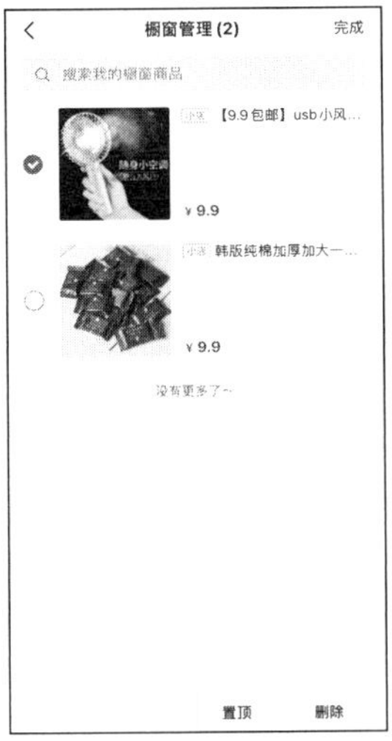

图 10-32　单击“橱窗管理”按钮

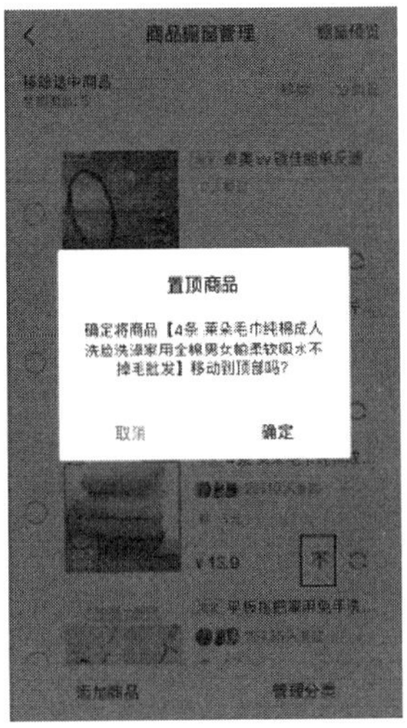

图 10-33　置顶商品

图 10-34　选择商品分类

（4）选中商品，然后单击右上方的“移除”按钮，即可将所选商品从该分类中移除，如图 10-35 所示。

（5）返回“商品橱窗管理”界面，选中商品，然后单击右上方的“分类至”按钮，如图 10-36 所示。

（6）在打开的界面中选择“数码”分类，然后单击界面右上方的“完成”按钮，如图 10-37 所示。

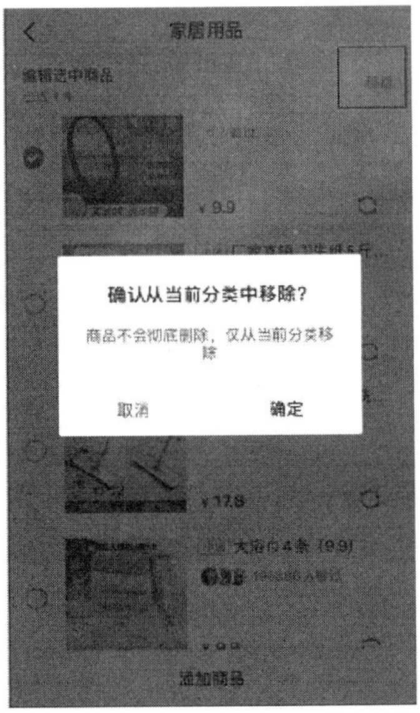

图 10-35　移除商品

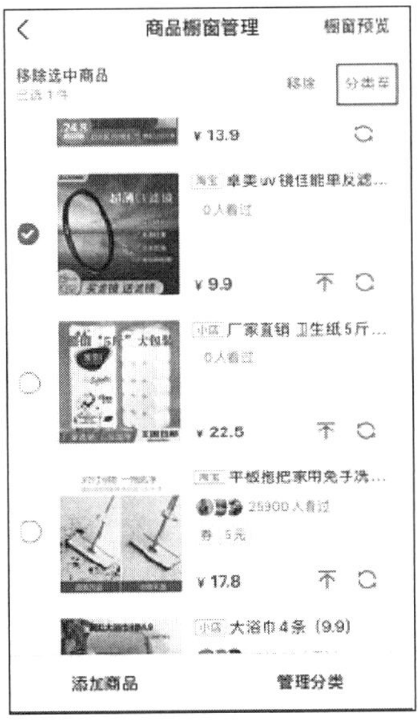

图 10-36　单击“分类至”按钮

图 10-37　选择商品分类

六、设置预告直播时间

抖音直播之前，除提前发布短视频进行直播预热以外，还可以根据开播计划设置预告直播时间，具体操作方法如下。

（1）打开“开直播”界面，在上方添加封面和标题，单击“设置”按钮，如图 10-38 所示。

（2）在打开的界面中设置直播公告，然后单击“提交”按钮，如图 10-39 所示。

（3）在打开的界面中设置直播时间和直播频次，然后单击“保存”，如图 10-40 所示。

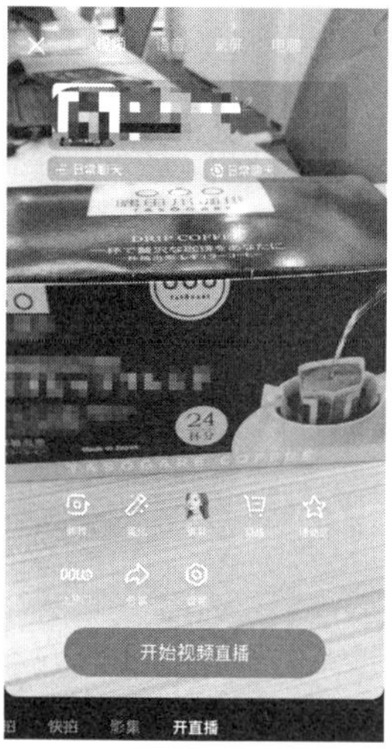

图 10-38　单击“设置”按钮

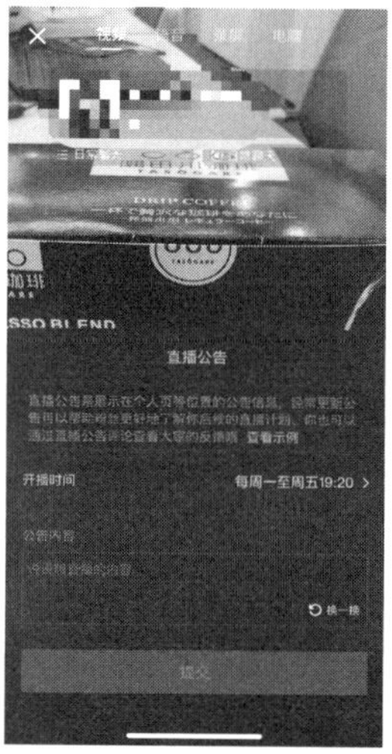

图 10-39　单击“提交”按钮

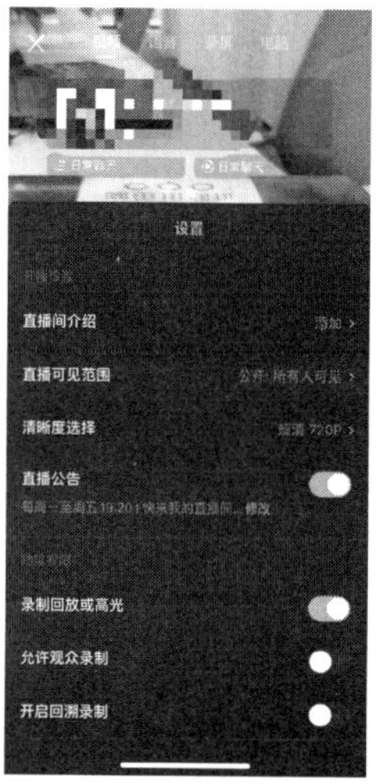

图 10-40　设置直播时间和频次

（4）设置完成后，单击“开始视频直播”按钮即可开始直播，如图 10-41 所示。

（5）要关闭直播，可以在直播界面下方单击按钮，如图 10-42 所示。

图 10-41　开始视频直播

图 10-42　关闭直播

七、直播间购物车商品管理

在抖音平台上直播带货时，需要将橱窗中的商品添加到购物车，便于在直播过程中对商品进行讲解或管理，具体操作方法如下。

（1）在抖音直播间界面下方单击“购物车”按钮，在打开的界面中单击“添加直播商品”按钮。

（2）查看添加的直播商品，单击商品右下方的“讲解”按钮，表示主播正在讲解该商品，如图 10-43 所示。

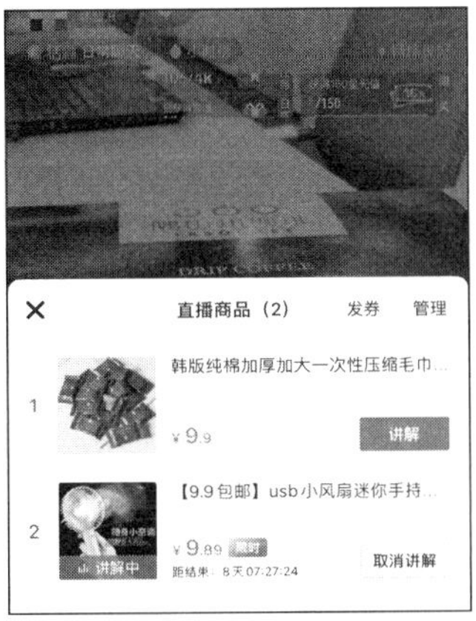

图 10-43　讲解商品

八、直播间的互动

在直播间与其他主播连线 PK（挑战），或邀请抖音好友进行连线互动，都可以提升直播间的氛围，具体操作方法如下。

（1）在抖音直播间界面左下方单击按钮。

（2）在打开的界面中选择模式，在此单击“礼物 PK”模式。

（3）打开“发起 PK”界面，可以单击“随机匹配”按钮随机匹配主播，也可以单击“邀请 PK”按钮邀请好友进行 PK。单击“设置”，可以进行 PK 设置。PK 连线成功后，直播间会显示自己和对方的直播窗口。

（4）在直播间界面左下方单击按钮，在打开的界面中单击“聊天室”模式。

（5）在打开的界面中可以选择接受用户连线的申请，也可以主动邀请直播间的用户连线，单击“邀请”按钮。

（6）此时，即可与所邀请的连线用户进行语音沟通。

除 PK 和连线外，抖音直播间还有很多玩法，能够使主播与用户进行充分的互动。下面以“评论”和“福袋”功能为例进行介绍，具体操作方法如下。

（1）在直播间左下方单击按钮，在打开的“互动玩法”界面中单击“评论”按钮，如图 10-44 所示。

（2）再打开“弹”选项，输入评论内容，然后单击“发送”按钮，如图 10-45 所示。

（3）此时，直播间中就会滚动出现此条评论。

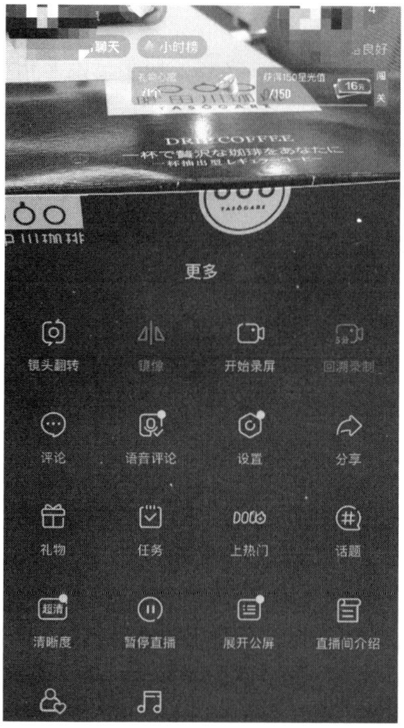

图 10-44　单击“评论”按钮

图 10-45　发送评论

（4）在“互动玩法”界面中单击“福袋”按钮，在打开的界面中设置抖币数量、福袋个数、倒计时、参与范围、参与方式等，然后单击“下一步”按钮。

（5）输入口令内容，然后单击“发起福袋”按钮。

（6）此时，直播间的用户通过发送设置的口令即可参与抢福袋，倒计时结束后可以看到幸运用户名单。

九、直播间的更多设置

抖音直播带货除了前面介绍的操作和玩法，常用的还有设置屏蔽词、设置管理员及购买 DOU+[1]推广投放等，具体操作方法如下。

（1）在抖音直播间单击界面右下方的“更多”按钮，在打开的界面中单击“管理”按钮。

（2）在打开的界面中单击按钮，即可添加屏蔽词，如图 10-46 所示。

（3）在抖音直播间单击用户头像或评论中的昵称，在打开的界面中单击“管理”按钮，如图 10-47 所示。

（4）在弹出的选项中单击“设为管理员”按钮，即可将该用户设置为直播间管理员。直播间管理员有禁言、“拉黑”等权限，抖音直播间最多能设置 5 个管理员。

（5）在“更多”界面中单击“上热门”按钮，在打开的界面中选择投放金额，单击“支付”按钮，付款成功后即可为直播间进行“引流”，如图 10-48 所示。除了在直

[1] DOU+：DOU+是为抖音创作者提供的视频加热工具，能够高效提升视频播放量与互动量，提升内容的曝光效果，满足抖音用户的多样化需求。

播间购买“DOU+”，用户还可以在看播端购买“DOU+”。

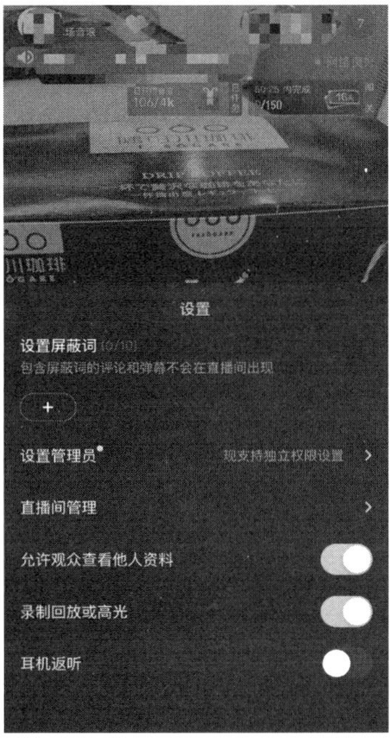

图 10-46　添加屏蔽词

图 10-47　单击“管理”按钮

（6）在“更多”界面中单击“话题”按钮，在打开的界面中可以参与话题或自定话题，以吸引更多对此话题感兴趣的用户观看直播，如图 10-49 所示。

图 10-48　投放 DOU+

图 10-49　参与话题

任务评价

1. 学生自评（见表 10-7）

表 10-7　抖音直播运营学生自评表

班级		学号		姓名	
角色	○ 组长　　○ 组员		完成时间		
任务	完成情况记录				
开通抖音直播权限					
开通商品分享权限					
添加抖音特色商品					
添加其他平台商品					
商品橱窗的管理					
设置直播的时间					
直播间购物车商品管理					
直播间的互动					
直播间的更多设置					
完成任务后的收获					

2. 学生互评（见表 10-8）

表 10-8　抖音直播运营学生互评表

班级		被评人学号		被评人姓名	
评价者角色		评价者学号		评价者姓名	
任务	完成情况记录				
开通抖音直播权限					
开通商品分享权限					
添加抖音特色商品					
添加其他平台商品					
商品橱窗的管理					
设置直播的时间					
直播间购物车商品管理					
直播间的互动					
直播间的更多设置					
完成任务后的收获					

3. 教师评价（见表 10-9）

表 10-9　抖音直播运营教师评价表

班级		被评人学号		被评人姓名	
任务	完成情况记录				
开通抖音直播权限					
开通商品分享权限					
添加抖音特色商品					
添加其他平台商品					
商品橱窗的管理					
设置直播的时间					
直播间购物车商品管理					
直播间的互动					
直播间的更多设置					
完成任务后的收获					

拓展练习

实训目的：

在实际训练中灵活运用本节所讲的抖音直播运营的步骤流程及方法和技巧。

实训内容：

分组练习：每个小组完成一场抖音直播运营操作的整体流程。

实训要求：

根据每个小组所选的该类直播主题，依照本节所学的运营操作方法与技巧进行直播，要求直播过程中步骤齐全、流程完整、安排合理，注意直播中的话术运用。

实训评价：

每个小组现场展示汇报后，其他组同学投票模拟直播间观众购买该商品，从而评选出最佳直播营销组。

通过该实训活动，加深学生对本节所学抖音直播运营的了解，在实际运用中灵活掌握所学重点。

任务三　抖音直播案例分析

任务描述

直播带货大家一点也不陌生。抖音作为短视频平台后起之秀，从诞生开始，一直都走在行业的前列，随着直播和短视频带货的兴起，抖音也开启了它的直播带货之旅。

在抖音平台上，通过策略化运营积累了百万甚至千万粉丝，成功地通过直播电商实现了变现的用户也不在少数。下面遴选了部分具有代表性的抖音达人，通过分析他们直播的特点来深入探讨抖音直播电商运营的技巧。

学习目标

（1）阅读并思考两个直播案例分析；
（2）掌握直播案例分析中的方法并运用。

任务分配

每组若干组员，在组长带领下，深度分析案例，归纳总结直播运营的方法。抖音直播案例分析任务分配表见表 10-10。

表 10-10　抖音直播案例分析任务分配表

班级		组号		组名	
角色	姓名	学号	任务分工		
组长					
组员					

任务准备

引导问题 1：从哪几个方面来思考成功的直播案例？
引导问题 2：如何把直播案例分析运用到自身所学？

任务实施

一、“石榴哥”直播分析

“石榴哥”并不是专职主播，但他在直播领域却有一定的知名度。通过分析“石榴哥”的直播，可以发现其成功经验主要表现在以下 4 个方面。

1. 打造人设，突出个性

鲜明的人设是做好直播营销的重要条件之一，“石榴哥”在打造人设方面具有以下 3 个特征。

（1）人物形象具有辨识度

“石榴哥”的人设定位是“一个朴实无华又精通多种语言的摆摊人”，外表憨厚老实的他，会给人一种非常朴实、真诚的感觉。会有很多人对他形象产生信任，也因此愿意购买他推荐的商品。此外，他讲话幽默风趣，精通英语、日语、纳西语等多种语言。外在形象憨厚老实，又精通多种语言，都突出了他这个人物的特点，强化了他鲜明、独特的个人风格，很容易给用户留下深刻的印象。

（2）账号属性特征鲜明

“石榴哥”抖音账号主页的属性特征比较鲜明，他的抖音账号主页如图 10-50 所示。

首先，在“石榴哥”这个账号名称中，“丽江”是很具有地域属性的一个词。对于生活在丽江或者熟悉丽江的人来说，看到这个名字很容易产生认同感，当主播销售商品的时候，他们往往会出于家乡人的心理来支持主播；而对于非本地的人来说，也会使人产生好奇，想知道丽江有什么好玩的地方、有什么好吃的东西等，当看到主播销售商品时，他们可能会出于好奇心去购买。

其次，“石榴哥”认证了“抖音扶贫达人”，一方面是告诉用户扶贫、“三农”等方面的内容是“石榴哥”的主要直播内容，直播商品以农产品为主；另一方面，这也是“石榴哥”的一个品牌背书，有利于提升用户的信任感。

最后，“石榴哥”的账号简介为“宠辱不惊，去留无意，摆摊人石榴哥”，体现了朴实无华的人格魅力。

（3）通过短视频内容强化人设

“石榴哥”是一个典型的聚焦“三农”的账号，“石榴哥”会在抖音账号中发布与扶贫、助农相关的短视频，不断强化“抖音扶贫达人”这个人设标签，如图 10-51 所示。

图 10-50　“石榴哥”抖音账号主页

图 10-51　“石榴哥”发布的与扶贫、助农相关的短视频

2. 积累粉丝

主播在带货前积累粉丝，形成一定数量的粉丝基础，有利于快速完成直播冷启动。在开直播之前，“石榴哥”已经通过打造人设和运营短视频账号积累了大量的粉丝。为了提升粉丝的归属感，他还为自己的粉丝设置了专属的昵称——“石榴籽”。

3. 直播前积极预热

“石榴哥”会在直播前提前发布预告直播的短视频，为直播预热。例如，2020 年 4 月，“石榴哥”对“2020 年第二十一届中国（寿光）国际蔬菜科技博览会”（简称“菜博会”）进行了现场直播，带领粉丝云逛菜博会。在直播开始前，“石榴哥”发布了多条短视频为直播预热。例如，“石榴哥”专门为“菜博会”直播发布了一条短视频，以“硬广告”的方式向用户介绍了直播的时间和内容，如图 10-52 所示。

除“硬广告”植入外，“石榴哥”还会采取“软广告”植入的方式为直播预热。如图 10-53 所示为“石榴哥”发布的讨论山东天气的短视频，借助讨论“山东日常天气变化”这个话题引导用户关注山东，关注寿光“菜博会”。

4. 原产地直播

在直播场地的选择上，“石榴哥”通常会选择在农产品的原产地进行直播，或在农贸市场进行直播，这也是为了直观地向用户展示农产品的生产环境，这样有利于提升用户对农产品品质的信任。

图 10-52 “菜博会”预告

图 10-53 讨论山东天气

二、“主持人××”直播分析

“主持人××”是文化类主播，向用户推荐与孩子学习相关的商品是她直播的主要内容，其中包括图书、培训课程、学习工具等。她的直播具有以下 6 个特征。

1. 设计身份背书

“主持人××”这个账号用“职业＋名字”的形式明确地表明了该账号运营者的真实身份：账号的运营者叫“××”，她在生活中的职业就是主持人。此外，“主持人××”

这个账号也是一种身份背书，依托的是主持人的影响力，有利于增强用户的信任。如图 10-54 所示为“主持人××”账号主页。

2. 固定时间段直播

主播××在每天固定的时间开始直播，有利于让用户养成在固定时间段观看直播的习惯。

3. 背景设置符合直播内容

“主持人××”在直播中推荐的主要是与孩子学习相关的商品，所以她将直播间的背景设计成图书馆场景：直播间里的背景是一排排书架，书架上摆放着各类图书，如图 10-55 所示。这种设计与直播内容十分契合，会让用户产生深刻的代入感。

4. 商品源头直供

“主持人××”直播间大多推荐的图书是经典热销图书，且通常由出版社源头直供，因此具有十分优惠的价格。在直播过程中，××经常会在直播现场和出版社的工作人员沟通是否能够加货、价格能否再优惠等事宜。

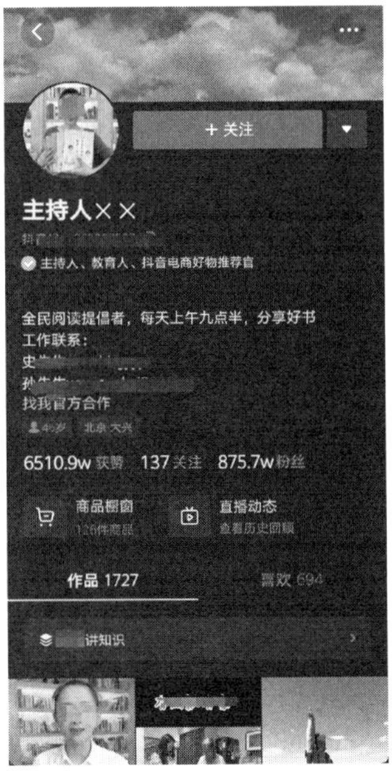

图 10-54　“主持人××”账号主页

图 10-55　图书馆场景的直播背景

5. 商品讲解详细

在讲解商品时，××会详细地讲解每一本书的适读年龄、故事大纲，以及是否标注拼音等信息，帮助用户详细了解图书的特点。

6. 商品信息说明详细

“主持人××”直播间商品的相关信息说明设置得非常详细。首先，在直播间的商品链接中会有该款商品的特点介绍，例如，商品适合多大的孩子使用、商品的大小、商品是否有优惠券、商品是否为签名版等，这样能够让用户快速了解商品的特点和卖点等信息。

其次，单击商品链接后，商品详情页中提供了详细的商品信息说明。这样做能够帮助用户全面了解商品的特点，还能有效地提高用户在直播间的停留时长，进而提升商品的转化率。

任务评价

1. 学生自评（见表 10-11）

表 10-11　对抖音直播案例分析的学生自评表

班级		学号		姓名	
角色	○ 组长　　○ 组员		完成时间		
任务		完成情况记录			
“石榴哥”直播分析					
“主持人××”直播分析					

2. 学生互评（见表 10-12）

表 10-12　对抖音直播案例分析的学生互评表

班级		被评人学号		被评人姓名	
评价者角色		评价者学号		评价者姓名	
任务		完成情况记录			
“石榴哥”直播分析					
“主持人××”直播分析					

3. 教师评价（见表 10-13）

表 10-13　对抖音直播案例分析的教师评价表

班级		被评人学号		被评人姓名	
任务		完成情况记录			
“石榴哥”直播分析					
“主持人××”直播分析					

拓展练习

实训目的：
在实际训练中灵活运用本节所讲的抖音直播案例分析知识。

实训内容：
以小组为单位，完成本章学习心得，小组之间交流沟通，分享心得。

实训要求：

每个小组依照本节的抖音直播案例分析，了解二者的可取之处、优势劣势，有哪些要提升的点。自行选择抖音直播平台喜欢的主播，对照进行细致分析。注意：分析应有理有据，具有逻辑性和参考价值。

实训评价：

每个小组现场展示汇报后，其他组同学总结所学所获。

通过该实训活动，加深学生对本节中抖音直播案例的了解，在实际运用中灵活掌握所学重点。

参 考 文 献

[1] 张莉. 新媒体背景下 W 品牌网络直播营销策略研究[D]. 上海外国语大学，2021.

[2] 马佳. 图书如何进行直播带货[J]. 传播与版权，2020（09）：108-110.

[3] 戴琦，马一凡，刘蒙蒙，马琳，徐秋锦. 时尚企业直播营销模式类型分析[J]. 中国市场，2021（17）：125-127.

[4] 才淼，卢萌，刘星宇，韩睿娜，路熙琳. 安徽炒货行业“直播+”营销模式与路径探析[J]. 商展经济，2021（09）：17-19.

[5] 夏文. 我国直播电商行业的市场现状和趋势[J]. 中国经贸导刊（中），2021（05）：51-53.

[6] 卢君爽，连梦娇. 从头部主播看电商直播今后发展[J]. 新闻研究导刊，2021,12（08）：47-49.

[7] 吕慧. 互联网+时代下企业新媒体营销发展路径研究[J]. 轻工科技，2021，37(05)：133-134,196.

[8] 石珍，祝锡永. 电子商务直播现状及营销发展研究[J]. 经营与管理，2021（05）：48-52.

[9] 邓若蕾. 直播带货：网络红人带动下的商品营销新方式[J]. 新闻传播，2021（07）：67-68.

[10] 冯秀环. 农商品直播营销的问题及对策分析——以淘宝直播为例[J]. 内蒙古科技与经济，2021（06）：48-50.

[11] 谢斌. 电商直播营销应用及发展策略分析[J]. 采写编，2021（03）：185-186.

[12] 刘健.“直播+电商”新型营销模式探析[J]. 新闻传播，2021（05）：80-81.

[13] 滕雪芳. 新零售背景下的直播营销行业发展探究[J]. 现代营销（经营版），2021（03）：160-161.

[14] 黄瑞吉. 我国网络直播营销研究现状与展望[J]. 大众科技，2021,23（02）：130-132+91.

[15] 韦小岿. 网红经济视域下的直播运营探究[J]. 老字号品牌营销，2021（02）：77-78.

反侵权盗版声明

举报电话：（010）88254396；（010）88258888
传　　真：（010）88254397
E-mail：　dbqq@phei.com.cn
通信地址：北京市海淀区万寿路 173 信箱
　　　　　电子工业出版社总编办公室
邮　　编：100036